Notre grammaire est sexy

Laure de Chantal
& Xavier Mauduit

Notre grammaire est sexy

Déclaration d'amour à la langue française

Stock
Passeurs d'histoires

Photo de couverture : Philippe Matsas
Maquette de couverture : Raphaëlle Faguer

ISBN : 978-2-234-08757-6

Sommaire

II. NOM ET ADJECTIF

III. VERBE ET CONJUGAISON

IV. STYLE ET SYNTAXE

Avant-propos

Nous aimons le français.

Le français est une langue sexy. Elle est une langue charnelle qui s'écrit avec une foule de fascinants personnages. Le couple de base est constitué du sujet (le nom) et du verbe – *Nous aimons* – auquel s'ajoute éventuellement un complément – *le français*.

Comment trouver le sujet d'un verbe ? Comment trouver le COD (complément d'objet direct) ? Il suffit de poser des questions :

Le français est une langue sexy : qui est une langue sexy ? *Le français* est donc le sujet.

Nous aimons le français : qu'est-ce que nous aimons ? *Le français* est donc le complément d'objet direct.

Sujet, verbe, complément : il ne s'agit ni de triolisme, ni de littérature de boulevard (le mari, la femme, l'amant), mais de la structure de la phrase. Ensuite, arrivent d'autres compagnons : l'attribut du sujet, le pronom, l'adjectif, les subordonnées relatives, complétives ou circonstancielles, l'adverbe ou encore les conjonctions. C'est alors que la fête commence, une orgie grammaticale !

Nous parlons tous les jours une langue admirable et monstrueuse que nous adorons. Elle est la seule qui comporte plus d'exceptions que de règles, ce qui la rend si difficile, si terrifiante, si attrayante. Elle nous fait peur à cause de sa logique, aussi obscure qu'implacable, qui se perd dans la nuit des temps et les pages des précis de grammaire.

Textos, mails, réseaux sociaux, l'essentiel de la communication, professionnelle et personnelle, se fait désormais par écrit. Nous rédigeons chaque jour des centaines de poulets virtuels, le *poulet* de nos ancêtres étant un billet doux, devenu texto, voire sexto. Comment pourrions-nous laisser nos propres mots, notre langue, prendre la poussière dans notre bouche ? Pourtant, qui n'a pas renoncé à un nom, une phrase, une idée, de peur de commettre une faute ? La plume se dessèche et nous ne savons plus quoi dire, comment le dire et comment l'écrire. Alors, nous nous cachons derrière des formules toutes faites, nous incriminons le correcteur orthographique et nous laissons notre langue maternelle devenir une langue morte, alors même que nous l'aimons.

Avec ses siècles d'histoire, le français est devenu un langage bizarre, complexe, qui n'entre pas dans le cadre des canons de beauté épurés du simplisme de l'hypercommunication. Fort en caractère, il est aussi difficile à circonscrire : il faut être sacrément amoureux des mots – littéralement philologue – et entêté pour y parvenir. Malheureusement, toutes les années d'école ne suffisent pas. Nous restons donc au bord de la route, sans oser l'approcher. Notre langue devient semblable à ces héroïnes de contes de fées, emprisonnées ou endormies, attendant, immortelles, un prince des poètes, parfois des rues. C'est tant mieux, mais c'est rare. Décorsettons-la pour nous l'approprier, pour la prendre et l'apprendre.

Dans notre grammaire *sexy*, qui n'oublie pas que *grammaire* et *grimoire* ont la même origine magique, il est question de rimes embrassées, d'accords énigmatiques, de liaisons scandaleuses, du temps qui passe, de naissances, de changement de genre, de jeux et de faux semblants, de la chair d'un mot et de la caresse d'un accent. Bref, il n'est que question d'amour. Osons faire une déclaration… À toi, notre grammaire, notre plus longue histoire d'amour !

NB. Les références des ouvrages cités dans le texte se trouvent dans la bibliographie, à la fin du livre.

I

PRÉLIMINAIRES

1. Une grande histoire d'amour

Le français est le fruit – mûr et sucré – d'une longue histoire, dont il conserve les traces et les héritages. Tout a commencé par l'enchevêtrement de deux langues, un baiser donc, entre le parler gaulois et la langue latine.

Les Gaulois utilisaient une langue qui ne disposait pas d'alphabet. Elle n'était pas écrite, ou rarement. Elle empruntait alors des lettres étrusques, grecques ou romaines. Pourquoi ne pas écrire une langue ? Par crainte des tourments grammaticaux qu'elle engendre ? Le gaulois s'appuyait sur des déclinaisons et des modes, mais, sans plus d'information supplémentaire, le transcrire n'est pas commode. Arrivé en Gaule au Iᵉʳ siècle avant Jésus-Christ, Jules César explique dans *La Guerre des Gaules* (VI, 14) que les druides veulent conserver pour eux le savoir :

> D'après ce qu'on dit, ils y apprennent par cœur un nombre impressionnant de vers et c'est pour cela que certains font vingt ans d'étude. Dans leur système, il est strictement interdit de mettre ces savoirs par écrit alors que, dans presque tous les autres domaines, que ce soient les comptes publics ou privés, ils utilisent le grec. Selon moi, ils ont institué cette règle pour deux raisons. D'abord parce qu'ils veulent éviter que leur enseignement ne soit

> divulgué, et ensuite que les étudiants, en comptant sur l'écrit, exercent moins leur mémoire – c'est ce qui se passe presque systématiquement : quand on recourt à l'écrit, on relâche ses efforts pour apprendre et mémoriser.

La maîtrise de la langue, de son vocabulaire, de ses subtilités et de sa grammaire, est signe de pouvoir. Les Gaulois nous ont laissé certains mots, comme par exemple *ambassade*, latinisé en *ambactus*. L'origine de ce nom a été longtemps discutée. Le grand lexicographe Émile Littré, lui, considère que le mot *ambassade* vient d'*ambactia* :

> *Ambactia* qui figure dans les plus anciens textes du bas-latin (loi salique, loi des Bourguignons et autres), avec le sens de service, emploi, mission. *Ambactia* rappelle aussitôt *ambactus*, homme de service, qui est dans César.

Quand Littré explique que l'homme de service « est dans César », il souhaite simplement dire que le mot *ambactus* se trouve dans les écrits de Jules, et non que César avait un jules. L'écrivain antique Suétone est plus direct quand il raconte que Jules est « le mari de toutes les femmes et la femme de tous les maris ». Le conquérant de la Gaule est affublé de quolibets et de surnoms, notamment celui de « reine de Bithynie ». Les Romains devenus maîtres de ce territoire qu'ils appellent la Gaule, la langue latine s'impose pour le commerce, l'administration et l'armée. Elle est facilement adoptée, car davantage unifiée que les dialectes gaulois. Souvent, elle se trouve mélangée à la langue locale : parler gallo-romain couvre des réalités différentes.

Au IIIe siècle, le christianisme s'insère dans cet univers linguistique. Sur les rives de la Seine, il existe un substrat gaulois, celui du peuple des Parisii. Sans doute les chrétiens ont-ils installé un lieu de culte caché dans une île pour échapper aux persécutions. Le premier évêque de Paris porte un nom bien latin, Dionysius. Il a perdu sa tête, mais a gagné un nom bien de chez nous : Denis, devenu saint après avoir été décapité sur le mont de Mars, ou le mont des Martyrs, que nous appelons aujourd'hui Montmartre. L'empereur Julien, surnommé l'Apostat, conservait-il le souvenir d'un temple païen quand il écrit, en grec, le *Misopogon* au IVe siècle ?

> Il se trouvait que je cantonnais, cet hiver-là, dans ma chère Lutèce : c'est ainsi que les Celtes désignent le fort des Parisiens. C'est une île de faible étendue au milieu du fleuve, et le rempart l'entoure en cercle de toute part ; des ponts de bois, partis de chaque rive, y donnent accès. Il est rare que le fleuve baisse ou soit en crue ; en général il a le même débit en hiver qu'en été et il fournit une eau très agréable et très pure à voir comme à boire si l'on en a envie : de fait, comme on vit dans une île, c'est surtout au fleuve que l'on doit prendre l'eau.

En plus des racines gauloises et romaines, il y a du grec dans notre langue, sans compter tous les parlers qui pouvaient se côtoyer sur les bords de la Seine.

Les Romains qui s'installent en Gaule étaient-il de grossiers personnages, des maroufles, des malotrus ? Toujours est-il que les Gaulois se mettent à parler le latin vulgaire, plus vulgaire encore quand, venus de loin, déferlent des « barbares », les Francs, qui ont leur franc parler, le francique. Du français, il n'en est pas encore question. Puis arrivent maints peuples venus de l'est, les Huns et les autres, avec leurs langues étranges et exotiques. Que parlaient les ouvriers et les artisans qui ont bâti sur le temple païen la première cathédrale de Paris, dédiée à saint Étienne ? Ils échangeaient sans doute dans plusieurs idiomes venus de toute l'Europe, à l'image du bâtiment qu'ils construisaient avec des remplois de constructions plus anciennes. Il s'agissait d'une basilique, du latin *basilica*, lui-même emprunté à un mot grec qui signifie « royal ». Ce grand bâtiment rectangulaire n'avait, pour les Romains, rien de sacré. Ce sont les chrétiens qui ont transformé ce lieu de commerce et d'échange en édifice religieux. À partir de tout cela, le gallo-roman est une architecture linguistique aux inspirations multiples.

À Lutèce, devenue Paris, la basilique dédiée à saint Étienne est déjà construite quand Charlemagne bâtit un empire que son fils Louis le Pieux sait maintenir, mais que ses petits-enfants se partagent. Cette scission politique est essentielle pour l'histoire de notre langue. En 842, Charles le Chauve et Louis le Germanique s'allient contre Lothaire, tous trois petits-fils de Charlemagne. Ils prononcent les Serments de Strasbourg. Celui de Charles est considéré comme le premier texte en langue romane, ancêtre du français :

> *Pro Deo amur et pro christian poblo et nostro commun salvament, d'ist di en avant, in quant Deus savir et podir me dunat, si salvarai eo cist meon fradre Karlo.*
> (Pour l'amour de Dieu et pour le salut du peuple chrétien et notre salut à tous deux, à partir de ce jour dorénavant, autant que Dieu me donne savoir et pouvoir, je secourrai ce mien frère.)

Un peu plus tard, en 1961, dans *Les Tontons flingueurs*, quand les Volfoni se disputent l'empire du Mexicain qui vient de mourir, Maître Folace, alias Francis Blanche, s'écrie : « Le lion est mort, les chacals se disputent l'empire. Enfin, on ne peut pas demander plus aux frères Volfoni qu'aux fils de Charlemagne. » Maître

Folace aurait pu ajouter que ces dissensions donnèrent naissance à une langue sublime, distincte du latin, dont la grammaire était en gestation. Ainsi, des trois genres, seuls demeurent le masculin et le féminin ; le neutre est oublié et le français est né. Au moment de se partager l'empire d'un grand-père à la barbe fleurie – qui en réalité était glabre, l'histoire de la langue est faite d'imagination – les uns écrivent en langue germanique et les autres en langue romane. Les amours gallo-romaines exclusives ont vécu. Notre langue, déjà volage, se laisse séduire par son cousin germain. De leurs baisers naît l'ancien français, paradoxalement une nouveauté. À force de rencontres avec des gens qui ne parlaient pas comme eux, nos ancêtres ont enrichi leur vocabulaire mais aussi leur grammaire. Que l'on se rassure, nous avons étoffé la leur.

Sur l'île de la Cité, la basilique dédiée à saint Étienne est restée vaillante pendant plusieurs siècles, sans doute grâce à des restaurations régulières et quelques arrangements. Comme notre langue, elle traverse le temps, elle s'adapte aux usages et elle se transforme. L'ancien français devient langue d'oïl dans le Nord, quand il est d'oc dans le Sud. Le métissage se poursuit et voici que, sur la décision de l'évêque Maurice de Sully, la vieille basilique est détruite pour laisser la place à une cathédrale, celle-ci gothique, Notre-Dame, dont la première pierre est posée en 1163. Les substrats gaulois, latin, grec, germanique sont toujours présents.

C'est au XVIe siècle que la grammaire devient une science, un art, au sens où nous l'entendons aujourd'hui. Sont alors rédigés une ribambelle d'ouvrages traitant de notre langue. Au moment où l'héritage antique est redécouvert, de grands savants se penchent sur la structure du français. Surprise, c'est à un Anglais, John Palsgrave, que nous devons l'une des premières grammaires,

Lesclarcissement de la langue francoyse, en 1530. À sa suite, ils sont nombreux à s'intéresser aux relations intimes qu'entretiennent le pronom et le nom, le sujet et le verbe, les participes, les adverbes, les prépositions.

La renaissance de la langue au XVIe siècle permet au roi François Ier d'imposer que tous les actes administratifs soient rédigés en français par l'ordonnance de Villers-Cotterêts en 1539 :

> *De prononcer et expedier tous actes en langaige françoys. Et pource que telles chofes sont souuenteffoys aduenues fur l'intelligence des motz latins cōtenuz efdictz arreftz. Nous voulons que dorefenauāt tous arreftz enfemble toutes autres procedeures foient de noz cours soueraines ou autres fubalternes et inferieures, soyent de regiftres, enqueftes, contractz, commiffions, fentēces, teftamens et autres quelzconques actes & exploictz de iuftice, ou qui en dependent, foient prononcez, enregistrez & deliurez aux parties en langage maternel francoys, et non autrement.*
>
> (De prononcer et rédiger tous les actes en langue française. Et parce que de telles choses sont arrivées très souvent, à propos de la [mauvaise] compréhension des mots latins utilisés dans lesdits arrêts, nous voulons que dorénavant tous les arrêts ainsi que toutes autres procédures, que ce soit de nos cours souveraines ou autres subalternes et inférieures, ou que ce soit sur les registres, enquêtes, contrats, commissions, sentences, testaments et tous les autres actes et exploits de justice qui en dépendent, soient prononcés, publiés et notifiés aux parties *en langue maternelle française*, et pas autrement.)

L'ordonnance de Villers-Cotterêts est-elle une victoire pour notre langue ? Sans doute, mais François Ier souhaite surtout que les actes administratifs ou judiciaires soient compréhensibles de tous. Les rédiger *en langue maternelle française* peut être compris au sens *d'une langue maternelle parlée dans le royaume de France*, c'est-à-dire autrement qu'en latin.

En 1549, dix ans après l'ordonnance de Villers-Cotterêts, le poète Joachim du Bellay fait paraître sa *Défense et illustration de la langue française* dans laquelle il explique que « les langues ne sont nées d'elles-mêmes en façon d'herbes, racines et arbres, les unes infirmes et débiles en leurs espèces, les autres saines et robustes, et plus aptes à porter le faix des conceptions humaines ». Pour les poètes, il s'agit de se faire aimer de tous. Pour le pouvoir royal, il faut que tout le monde comprenne les décisions administratives et judiciaires. Au fur et à mesure que le roi impose son ascendance sur la France, il souhaite codifier la langue afin d'unifier le pays. C'est en ce sens que l'Académie française est fondée en 1635. Depuis, elle publie et polit son dictionnaire dont nous lisons aujourd'hui la neuvième édition. Puisqu'il faut figer une langue qui se veut parfaite, voire universelle, les grammairiens se lancent dans des combats dont nous avons peine à imaginer la violence.

Des Serments de Strasbourg à l'argot des cités, en passant par l'ordonnance de Villers-Cotterêts, notre rapport avec la langue est une longue histoire d'amour. Pourtant, comme ces vieux couples qui changent avec l'âge, pourrions-nous comprendre nos ancêtres si nous nous projetions dans le passé ? Sans doute pas, ou avec difficultés, car leur manière d'écrire et de prononcer nous étonnerait. Leur vocabulaire également, et leur grammaire aussi. Notre langue n'est pas née d'un bloc, elle n'a pas été construite d'un génial et immuable premier jet. Rarissimes sont les langues qui voient ainsi le jour, sinon l'espéranto de Ludwik Zamenhof ou les langues de la Terre du Milieu de J. R. R. Tolkien, même si

« l'accord du participe passé employé avec avoir » n'est pas loin d'être aussi épique que le *Seigneur des anneaux*.

2. Les lettres

« La Grammaire est l'art de parler et d'écrire correctement, c'est-à-dire conformément aux règles établies. Parler, c'est exprimer sa pensée au moyen de la voix. Écrire, c'est représenter la parole par des lettres », explique François-Camille Dunglas, inspecteur d'académie, dans son *Abrégé de grammaire française* en 1855. La nécessité d'être compris à l'oral ou à l'écrit est une préoccupation constante à travers les siècles. Avant d'avoir des lettres, avant d'avoir une culture littéraire, nous avons besoin de lettres, au sens de signes graphiques qui, mis bout à bout, constituent un alphabet. Dans son *Abrégé de grammaire française*, Dunglas précise que « nous avons en français 25 lettres : *a*, *b*, *c*, *d*, *e*, *f*, *g*, *h*, *i*, *j*, *k*, *l*, *m*, *n*, *o*, *p*, *q*, *r*, *s*, *t*, *u*, *v*, *x*, *y*, *z*. On divise les lettres en voyelles et en consonnes ». Diantre ! 25 lettres, alors que nous avons appris que l'alphabet en contient 26. Le nombre de lettres utilisées en français a varié dans le temps. Au XVIe siècle, il n'y avait que 23 lettres : le *i* et le *j* n'étaient qu'une même lettre, le *v* et le *u* étaient similaires, le *ſ* – *s* long – ressemble beaucoup à un *f*. À propos de ses *Essais*, Montaigne écrit : « ie ne m'y ſuis proposé aucune fin, que domeſtique & priuée ». Le *v* et le *j* prennent leur autonomie en 1762, dans la quatrième édition du *Dictionnaire de l'Académie française*, mais il faut attendre 1964 pour que le dictionnaire *Le Robert* accorde au *w* le statut de lettre à part entière. Tout comme les règles de grammaire varient dans le temps, l'alphabet – d'*alpha* et *bêta*, les deux premières lettres du grec – n'est pas chose immuable.

3. Motus et bouche cousue

Qu'est-ce qui différencie un Dupond d'un Dupont ? Malgré les rumeurs, ce n'est pas l'orientation des moustaches qui sert à distinguer les deux policiers : les tintinophiles savent que dans *Objectif Lune* la règle des moustaches n'est pas respectée. Ce qui différencie les détectives jumeaux, c'est leur terminaison, le *-d* de l'un et le *-t* de l'autre, signes silencieux, connivence destinée au lecteur attentif. C'est bien une des particularités les plus spectaculaires du français et qui fait s'arracher les cheveux à ceux qui l'étudient : notre langue regorge de lettres muettes, de pauses silencieuses dans la prononciation et la compréhension. Comme dans une recette de cuisine, elle est riche d'ingrédients dont la saveur voire la nature a disparu dans le résultat final, présents comme souvenir, trace d'un effort et d'une intention particulière que seuls les palais les plus fins savent discerner. Ce goût du silence est la signature de notre langue. Présent dans quantité de mots, il se répand dès les situations grammaticales de base : les marqueurs du pluriel et du genre, le *-e*, le *-s*, le *-x*, le *-nt*, à la différence des autres langues issues du latin, ne s'entendent pas, ils se glissent subrepticement comme de discrets amants dans le lit de la phrase. En français, pour signaler un pluriel, pas de gentils *-i* comme en italien, ou de nobles *-os* comme en espagnol, mais une seule lettre, *-s* ou *-x*, qui ne s'entend jamais.

Les lettres muettes ne se prononcent pas mais elles signalent une famille : par exemple, *petit* prend un *-t* pour l'associer aux autres mots de sa famille, *petitesse*, *petitement*. Il suffit d'un infime gène pour que le regard, le caractère, la vie d'une personne soit autre, il suffit que le *-t* s'arrondisse en *-d* pour qu'apparaisse un *différend* au lieu d'un *différent*. Il suffit que le *i* se double en *y* pour que la joyeuse *satire* se métamorphose en grossier *satyre*. Que le *a* ait la tête à l'envers et la douce *amande* prend le goût amer d'une *amende*. Deux lettres suffisent pour dévoyer l'innocente *vis* en *vice* coupable, le *chic* raffiné en *chique* dégoûtante. Notre langue compte 1 200 homophones, avec les homophones grammaticaux, que seule l'orthographe permet d'identifier. Il ne s'agit pas seulement de doubles, comme *quand* et *quant*, les Dupond et Dupont de l'orthographe, selon Bernard Cerquiglini. Les homophones vont aussi par trois (*compte*, *conte*, *comte*), quatre (*chair*, *chaire*, *cher*, *chère*), cinq… jusqu'à huit. Il y a par exemple huit manières d'écrire et de vivre des histoires d'O : avec des *ho !* admiratifs, des *oh !* réprobatifs, des *ô* majestueux, des *hauts* sans bas, dans l'*eau* et, bien sûr, jusqu'*aux os*, jusqu'aux *aulx*, le pluriel d'ail (voir point n° 35 sur les homonymes, homophones, homographes).

Presque toutes les lettres de notre alphabet peuvent être muettes. Même les volubiles voyelles acceptent de se taire. Les linguistes disent de ces lettres qu'elles s'amuïssent, elles s'affaiblissent jusqu'à disparaître de la prononciation, que ce soit en se combinant avec d'autres pour donner lieu à un nouveau son, ou bien en se laissant avaler par une autre lettre. Puisque nous ne sommes pas linguistes, osons le rapprochement : quand elles s'amuïssent, les lettres s'amenuisent, elles s'érodent, comme des falaises et des montagnes, caressées par le flot des langues. Le *o* se cache à l'oral dans *paon* ou *faon*, alors qu'il est si visible à l'écrit, le *a* fond dans la douce chaleur du mois d'*août*. Dans *œ* et *æ*, les deux voyelles se laissent féconder et deviennent *e* ou *é*. Le *c* devient discret dans *croc*, *sceptique*, mais pas dans *scandale*, au grand dam du général Irrigua dans la pièce de Georges Feydeau *Un fil à la patte*, en 1894 : « Bodigué ! est c'qué tou té foutes de moi ? Tout à l'heure yo l'ai dit "squeptique", vous disse "sceptique" ! bueno. Maintenant yo dis "sandale", vous dis "scandale"… (Menaçant.) Bodégué ! »

4. *e* et *h* muets

Certaines lettres se taisent plus facilement que d'autres, comme *d*, *r*, *s*, *t* et *x* qui sont volontiers silencieuses ; certaines sont plus rares, comme le *f*, le *g* ou le *z*, tandis que cinq lettres demeurent les irréductibles bavardes : le *i*, le *k*, le *m*, le *n* et le *q*.

Le *h* est si discret, si taiseux, si timide que les spécialistes hésitent à faire de lui une consonne ou une voyelle. Grevisse le nomme « semi-voyelle ». Quelle que soit son appellation, il semble dire « chut » dès qu'il entre dans la composition d'un mot. Lorsqu'il est aspiré, la disjonction est totale : pas d'élision et pas de liaison, comme dans *haricot* ou *hérault*. Son appel au silence n'est pas toujours respecté et il faut toute l'autorité de l'Académie française pour rappeler que : « Pour certains mots, l'usage est indécis. Ce n'est pas le cas de *haricot* : la liaison est incontestablement une faute. La rumeur selon laquelle il serait aujourd'hui d'usage et admis que l'on fasse cette liaison a été colportée par un journal largement diffusé dans les établissements scolaires. »

Bref, lorsque nous nous trompons, ce n'est pas la fin des haricots mais nous mettons nombre de nos interlocuteurs de mauvaise humeur, à juste titre. C'est là que le *h* ne manque pas d'humour. Il rit sous cape, car dans ce cas le *h* est « muet », c'est-à-dire qu'il demande l'élision et la liaison, sous peine de provoquer des débats *zhouleux*. En théorie, la règle voudrait que les mots venus du latin et du grec présentent un *h muet* et les mots venus des autres langues (principalement germaniques) un *h aspiré*. Cela est vrai pour *humour* qui vient de l'anglais, *hasard* qui vient de l'arabe, et donc *haricot* venant du germain *hariôn* (découper), car le haricot est entré dans la langue en même temps que dans la recette du ragoût de mouton, découpé en petits morceaux. La règle s'applique également pour *holocauste*, *hameçon*, *heure* ou *horloge* qui, venant du latin, prennent un *h muet* : à la bonne heure. Pourtant, en toute logique, il faudrait que les *héros* se prononcent comme les *zéros*, ce qui est infiniment nul (voir le point 60).

Le *e* est le champion toutes catégories de ce jeu de cache-cache. Il est la lettre la plus fréquente de notre langue mais aussi la plus discrète puisqu'il n'est jamais accentué, sinon il devient *é*. Dans nombre de cas, il s'entend à peine, voire il ne s'entend pas du tout. Il est alors dit « muet » ou « sourd », selon que le grammairien médecin se place du côté du patient qui parle ou de celui qui écoute. Les grammairiens du XVIe siècle l'appelaient « féminin » parce que le *e* sert communément à marquer le féminin. Les grammairiens poètes, parmi lesquels André Martinet, disent qu'il est « caduc », « comme sont les feuilles de platane ou de hêtre qui tantôt pendent aux branches, tantôt disparaissent, entraînées par le vent ». Les grammairiens mystiques l'appellent le *schwa*, du mot hébreu signifiant « néant ». Le français prend tout à coup des allures existentialistes, les silhouettes de Sartre et Camus se profilent, regardant le *e* tomber, usant d'une langue rongée par le néant qui l'habite, une langue atone et à trous. Préférons-leur les grammairiens libertins qui l'appellent le *e* « lubrifiant » parce qu'il met du liant et sert à faciliter le déroulé de la phrase.

Ces petits riens font tout. Ils sont la marque de fabrique de notre langue qui a développé le procédé à l'extrême si bien que certains grammairiens qualifient ce *e* de « central ». Il est aussi sa variable d'ajustement. Il se prononce ou non en fonction du reste de la phrase, pour éviter, par exemple, la succession de trois consonnes, ou en fonction du sens que l'on veut donner : *Cette femme me regarde*, si le deuxième *e* de *cette* est prononcé, c'est que cette femme a quelque chose d'unique et probablement d'un peu inquiétant.

D'une phrase à l'autre, d'une région à l'autre, d'une personne à l'autre, la manière de s'approprier le *e muet*, parfois jusqu'à le prononcer de manière béante, de lui faire porter tout le poids du mot, comme dans le Midi, ou au contraire de l'éliminer entièrement, est la signature de la phrase, sa musique. C'est dans le *e muet* que nous reconnaissons le parler d'une personne ou d'une époque, son « atmosphère », où le *e* n'est plus un son mais une indication de longueur, une blanche pointée que fredonne Arletty devant l'hôtel du Nord, dans le film du même nom.

Le paradoxe veut donc que ce *e muet* non seulement s'entend mais se révèle très éloquent. Il ne se prononce plus de manière appuyée, il ne claironne pas comme les autres voyelles, mais il est là, silencieux, indispensable. Il insuffle un peu d'air dans un mot, il est une présence fantomatique, un esprit, à l'intérieur des mots et des phrases. Il se laisse engloutir par les autres voyelles comme dans *dénuement*, au point que certains écrivent *dénûment*. Il accepte d'être avalé quand nous parlons vite dans le quotidien, *j'te crois*, mais ressurgit spontanément pour les grandes occasions, pour un *je t'aime*, solennel, primordial. Utilisé en finale, il donne des ailes aux mots et les fait s'envoler. En poésie, il revient à la vie, laisse entendre sa voix selon les règles de versification et contribue à différencier la langue poétique de la prose (voir le point 62). Il est notre emblème national, le diapason grâce auquel notre langue s'harmonise. Lorsque nous demandons à un étranger d'imiter un Français, avant même de chercher une baguette et un camembert, il commencera par dire ou essayer de dire *euh*, que les grammairiens appellent le *euh d'hésitation*, et le même poursuivra très certainement par : « Euh, je t'aimeuh, chéri… euh. »

5. Lettres doubles et règle des *m*, *b*, *p*

Si le *e* et le *h* sont les deux lettres muettes les plus fréquentes, elles sont loin d'être les seules : rares sont les mots qui n'en comportent aucune. Ces signes silencieux démontrent la beauté de l'inutile. Les lettres muettes correspondent tout d'abord à un sens grammatical ou lexical. Le *s* signe le pluriel, mais pas seulement : il donne à un verbe l'espoir du futur ou l'ambiguïté du conditionnel. *Je t'aimerai comme personne ne t'a jamais aimée, quoi qu'il arrive* ; *Je t'aimerais comme personne, si…* Elles sont également étymologiques : elles portent le sceau silencieux d'une origine lointaine, souvent latine, qui n'a pas d'autre utilité que de transmettre son souvenir. Ces lettres muettes sont les dents de sagesse du vocabulaire. Ainsi, nos cinq *doigts* arborent fièrement et sans autre utilité le *g*, vestige de leur lointain ancêtre *digitus*. De même, le *corps* et le *temps* ont vu s'envoler le *u*, réduit en poussière par des siècles de prononciation de *corpus* et *tempus*. Elles sont aussi historiques. C'est ainsi que *huile* s'est parée d'un *h* au Moyen Âge pour éviter la confusion avec *vile*, le *u* et le *v* s'écrivant alors pareillement. La quatrième raison, et sans doute la plus belle, est dite « euphonique », c'est-à-dire qu'elle rend plus joli, lorsqu'il s'agit, par exemple, d'éviter le hiatus, une promiscuité désagréable entre les sons, comme dans *cahier* ou *dehors*. Elles deviennent alors les sons du silence car elles s'entendent à peine, elles accompagnent, comme la main gauche dans une partition de piano, ou la basse continue, plus grave, dans un chœur, à côté de la mélodie. C'est le cas également des lettres doubles, que les instituteurs soucieux d'aider leurs écoliers ont tendance à accentuer lors de la dictée mais qui, à de rares exceptions, ne se prononcent pas complètement. Elles évoquent, transmettent, chuchotent un souvenir, comme le vestige de la préposition *ad* (vers) dans *affection*, *attention*. La plupart des langues dites issues du latin ont fait table rase de ces vestiges orthographiques en adoptant des réformes qui visent à simplifier l'écriture. Pas le français, ou si peu. C'est ce qui le rend si difficile à écrire mais si fascinant : des petits manuels d'histoire, tels sont nos mots qui nous invitent à voyager dans le temps.

À l'école, l'instituteur répète la leçon d'Odette et Édouard Bled : « Devant *m*, *b*, *p*, il faut écrire *m* au lieu de *n*. Ex. : *emmêler*, *déambuler*, *un crampon*, *la jambe*. Exceptions : *bonbon*, *bonbonne*, *bonbonnière*, *embonpoint*, *néanmoins*, *mainmise* et les formes en *-înmes* (*nous tînmes*...). » Selon le rapport de chacun avec l'institution scolaire, nous avons appris, et oublié, puis peut-être révisé dans *Bled* ou quelque autre grammaire la règle des *m*, *b*, *p*.

Aujourd'hui, nous hésitons parfois ou nous nous étonnons d'écrire *embonpoint* ou *pomponner*, *bombe* ou *bonbonnière*. Certains soupirent d'une règle qui semble inutile puisque le *m* ne s'entend pas. En effet, il n'a pas d'autre raison qu'étymologique : les mots qui ont conservé le *m* viennent de leurs ancêtres latins. Ainsi *bombe* a gardé le *m* de ses origines latines (*bomba*), alors que le *bonbon*, doublement bon pour tous les enfants, mais non pour les petits latins, qui ne gâtaient pas leurs dents avec un *bonum-bonum* mais avec des sucreries au miel. C'est pourquoi *bonbonnière* s'écrit sans *m*, à la différence de *bombonne* (bien que *bonbonne*, par assimilation, soit désormais aussi possible). Muet ou non, *m* appartient au groupe des labiales (avec *p*, *b*, *f* et *v*), c'est-à-dire qu'il nait de nos lèvres, comme les baisers. Les labiales sont irrésistibles et accueillantes : à leur contact, les autres lettres se laissent vampiriser par leurs baisers, ce qui est la raison de tant de lettres doubles, comme dans *illégal* (*in-légal*, contre le légal), *illimité*, *affable*, *allécher*. Ainsi nous déposons de petits baisers silencieux sur les mots chaque fois que *m*, *b*, *p* se glissent dans leur composition. Voilà autant de raisons de tendre l'oreille et d'ouvrir l'œil pour observer la danse silencieuse des lettres de notre langue.

6. Caresse des accents

Peut-être un jour avez-vous reçu un mail plein de tendresse et de chaleur d'un amoureux ou d'une amoureuse confiné(e) aux confins du monde. Vous attendiez la missive comme le messie et pourtant vous êtes déçu(e). Il manque quelque chose pour qu'il s'agisse vraiment d'une lettre d'amour. Pourtant, l'interlocuteur a été clair dès le départ : « Desole mais je t'ecris depuis un cafe internet et le clavier est different. » Les sentiments y sont mais comme les accents n'y sont pas, « chéri » devient « cheri », « aimée » devient « aimee ». Les mots semblent moins importants et l'amant quelque peu *negligeant*. Autant une faute d'orthographe peut sembler touchante, voire révélatrice d'un trop-plein d'émotions – elle introduit une connivence ou provoque un sourire amusé –, autant l'absence d'accents passe pour le signe d'une négligence de mauvais augure ou d'un manque d'élégance. Les omettre c'est un peu comme envoyer aux oubliettes les règles de politesse et de savoir-vivre, ne pas tenir la porte à son interlocuteur voire *eructer grossierement en societe.* Madame Denis, l'amante de Voltaire, aurait sans doute été un poil vexée si, prétextant le manque d'encre en prison, son bien-aimé lui avait écrit en décembre 1745 : « Je vous embrasse mille fois. Mon *ame* embrasse la *votre*, mon vit et mon cœur sont amoureux de vous. J'embrasse votre gentil cul et votre adorable personne. » Remarquons que, par chance, la fin du billet doux, si elle est corsée, se passe d'être accentuée.

Les accents sont de petites baguettes magiques qui se posent sur les mots et les métamorphosent. Ils transforment *mais* en *maïs*, une *tache* maladroite en noble *tâche*, *ça* en *çà* (et *là*) et font pousser des *vergés* – une qualité de papier – à la place des *verges*. N'existant pas dans toutes les langues, ils en sont le gène dominant (et non la *gêne*), celui qui transmet l'« air de famille ». L'espagnol a le tilde, le français peut s'enorgueillir d'avoir inventé l'accent circonflexe.

Servant à distinguer, les accents sont appelés en langage savant des « signes diacritiques », avec la cédille. Le français est l'une des langues qui contient le plus de ces petits riens qui changent tout.

7. Accents aigu et grave, tréma : le baiser de Ronsard

Nés au fur et à mesure de l'évolution du français, les accents sont issus des alphabets latins et grecs, même si, aujourd'hui, ils n'ont rien à voir avec le sens et l'utilisation de ces accents dans les langues anciennes. À la fin du Moyen Âge, les manuscrits pullulent de lettres inutiles, soit issues des copies antérieures, soit employées pour rendre une sonorité nouvelle, soit pour allonger le mot car certains, payés à la ligne, comme par exemple les rédacteurs de textes de lois, ne se privent pas d'ajouter des lettres et conjuguer plusieurs fois les verbes pour saler la note. Parfois enfin, les lettres ont simplement été oubliées, comme un post-it qui traîne sur un bureau depuis des lustres ou le briquet dans la poche de quelqu'un qui a pourtant arrêté de fumer. Si l'usage du français a été généralisé par l'ordonnance de Villers-Cotterêts, rien n'a été dit de l'orthographe qui demeure longtemps baroque et biscornue. Il n'est pas rare de voir un même mot orthographié de trois ou quatre manières différentes dans un même texte. Encore au XVIIe siècle, Charles Perrault, tout académicien qu'il fût, écrivait son propre nom de plusieurs façons à quelques lignes de distance.

À partir du XVIe siècle, les imprimeurs, pour qui chaque lettre signifie un travail en sus, commencent à faire le ménage dans le grand capharnaüm alphabétique qu'est alors l'écriture française. Parmi ces travaux herculéens, l'un des premiers consiste à trouver un système permettant de distinguer le son [*e*] qui peut s'écrire *e*, *ois*, *ae*, *ez*, *es*, *&*, etc. Ainsi est *nez* l'accent aigu. Il a germé dans l'esprit de l'imprimeur Robert d'Estienne qui cherchait un moyen simple et immédiatement lisible de noter les finales des participes passés et de différencier, par exemple *pigeon vole* du pauvre *pigeon volé*. Pour ce faire, il pioche dans ses connaissances du grec ancien et choisit l'esprit doux, petite virgule surmontant les voyelles, pour indiquer qu'elles sont prononcées sans *h aspiré*. Un souffle de tendresse, une caresse antique, effleure les boucles de la lettre la plus utilisée en français, à savoir le *e*, et vient y ajouter un peu d'esprit venu de la patrie d'Homère. Le grec contient aussi un esprit rude, qui se transcrit par un *h* et aurait servi par la suite à inventer l'accent grave comme dans *Homère*. Les imprimeurs, hommes de goût au grand sens pratique, ne tardent pas à lui trouver une utilité : comme il suffit de retourner le plomb pour transformer un ' (esprit doux) en ' (esprit rude), ce dernier fera l'affaire.

Dès la première lettre, *a*, les imprimeurs sont à la peine : comment différencier le *a* préposition et le *a* du verbe *avoir* ? L'esprit rude fera parfaitement l'affaire. L'introduction de ces deux petites virgules est capitale (avec ou sans accent), car elle introduit une idée qui s'avère fondamentale pour la suite : il y a désormais deux principes qui régissent les règles d'orthographe, la phonétique (comme dans *é*) et l'étymologie (comme dans *à*). D'autres pensent que l'accent aigu serait bien une trace du grec, mais non de l'esprit, le grec utilisant aussi des accents de hauteur : l'accent aigu (l'oxyton) pour indiquer que la voix monte et le grave (le baryton) pour indiquer qu'elle descend. Quoi qu'il en soit, aujourd'hui, chaque fois que nous posons un accent sur une voyelle, nous rendons sans le savoir une délicate offrande au grec ancien, la langue des mythes et de la raison.

Idem pour le tréma, dont l'origine mérite d'être connue. Il est né en jouant, car il vient du mot grec désignant les points sur les faces d'un dé. Pour autant, il ne se jette pas sur les mots au hasard. Revendicatif et un peu comique, il indique que la voyelle se prononce à plein. Le terme plus savant est « diérèse » et les exemples parlants ne manquent pas : *héroïne*, *coït*, *Noël*, *naïf*... Un bon moyen d'éviter les sueurs froides au moment d'écrire *ciguë*, *aiguë* et *ambiguë* est d'observer que, sur tous ces mots, le tréma se place sur la deuxième voyelle. Il est quand même un soulagement de savoir que depuis 1990 l'Académie tolère les deux orthographes, et que *ambigüe* et *ambiguë* sont possibles. Au XVe siècle, quand Estienne forge, au propre comme au figuré, les accents, le tréma est beaucoup moins rare que de nos jours. Il orne notamment les fronts de tous les *poëtes* de la Pléiade, et ce jusqu'au XIXe siècle, et nous devrions nous battre pour que notre *héroïne* ne se mette pas à ressembler à *Erwann* ou les *coïts* à des *coites*.

Le premier livre imprimé avec un système d'accents réguliers a été *L'Adolescence clémentine* de Clément Marot, sans accent, donc, puisque le *é* est réservé aux finales des participes passés. L'ouvrage commence en ces termes :

> Je ne sçay (mes treschiers Freres) qui m'a plus incité à mettre ces miennes petites jeunesses en lumiere, ou voz continuelles prieres : ou le desplaisir, que j'ay eu d'en ouir crier, et publier par les Rues une grande partie toute incorrecte, mal imprimée, et plus au proffit du Libraire, qu'à l'honneur de l'Autheur.

Il y a encore fort à faire en termes de clarté : ces lignes aujourd'hui nous piquent les yeux, malgré tout le respect dû à l'*autheur*, mais l'emploi du *é* et du *à* réitéré est un pas gigantesque dans la marche vers la lisibilité. Gigantesque, mais pas très rapide : la simple acceptation de l'accent grave et de l'accent aigu va prendre plus d'un siècle et, au XVIIe, Corneille se sent obligé de dramatiser pour justifier l'utilisation de l'accent grave.

Les premiers mots à naître sous sa plume ainsi gravement accentués sont *succès*, *excès* et *après*.

D'autres systèmes de graphie ont été proposés à partir de la Renaissance et nous sommes étonnés d'apprendre que le français a eu des *ę* et des barbares *e*. Pour s'en convaincre, il faut oser lever la couverture du *Dialogue de l'Ortografe e Prononciacion françoęse*, que publie en 1550 Jacques Peletier du Mans (voir le point 62 où Jacques Peletier demande à deux rimes de s'embrasser). Si nous n'avons jamais eu de *ø*, à part dans *Astérix*, c'est aussi à la même époque que les voyelles se parent de majestueux accents circonflexes. Celui-ci est né à nouveau d'un baiser, orchestré par Ronsard, le premier qui a l'idée de faire s'embrasser l'accent grave et l'accent aigu : *ô* poétique et géniale initiative, si commode pour les imprimeurs qui n'ont qu'à regrouper un grave et un aigu s'ils n'ont pas les moyens de forger un nouveau plomb ! Le circonflexe sert à l'exclamation mais aussi à éviter les hiatus, alors nombreux comme dans l'*aage* ou à signaler un *s muet* ou étymologique comme *être* et *âme*. L'avez-vous remarqué ? Les mots qui comportent un accent circonflexe sont presque tous des mots charmants, parce que leur accent les rend remarquables : ceux-ci dessinent un clin d'œil sur le mot sur lequel ils se posent. Ils interpellent le lecteur : *rêver*, *câliner*, *folâtrer* avec sa *maîtresse* dans la *chênaie* au mois d'*août* ou à côté de l'*âtre* brûlant, n'est-ce pas un *avant-goût* de *bien-être* ? Même lorsqu'ils ont une valeur péjorative, ils ont un petit quelque chose en plus, ils sont plus littéraires et toujours moins vulgaires : le *rougeâtre*, le *bellâtre* ou le *benêt* a plus de grâce et de classe que bien des insultes, *non mais allô !* C'est peut-être cette idée de grandeur qui fait que nous sommes si prompts à vouloir le poser sur la *cime* comme une petite calotte de neige éternelle, de même que sur *chapitre* : « Le chapeau de la cime est tombé dans l'abîme ! » s'exclament les grammaires pour nous venir en aide.

Mettons pour finir les points sur les *i* : ils sont eux aussi la création des imprimeurs, pour éviter qu'avec l'invention du script, la lettre se confonde avec le *l* – raison pour laquelle le point n'est nécessaire qu'en minuscule, la majuscule pouvant phalliquement, librement se dresser en début de phrase car elle ne se confond pas avec une autre lettre. Gare à qui se tromperait, les grammaires sont intraitables et sans ambiguïté : l'accentuation a une valeur orthographique, l'omettre c'est induire en erreur, prophétise l'Académie.

Accents grave, aigu, et circonflexe, tréma et cédille sont des petites faveurs que s'accordent les mots français et qui les rendent tout de suite remarquables par rapport aux autres langues. Il serait dommage de nous en priver sous prétexte de simplification orthographique. Les accents sont notre signature, notre griffe et nous permettent en outre de nous relire et d'éviter les gaffes puisqu'ils invitent à une pause régulière dans presque chaque mot en écrivant à la main. Ils sont le délicieux glaçage sur les pâtisseries qui permet au gourmand de distinguer l'éclair au chocolat de l'éclair au café dans la vitrine du pâtissier. Ils décorent mais ne sont pas qu'une décoration. Si, à l'oral, l'accent français est, paraît-il, unanimement craquant, à l'écrit, ce sont les accents qui nous rendent si sexy et inimitables. Ils n'accentuent pas que les mots, ils accentuent aussi les sentiments.

8. Les mots

En 1833, Caroline Boblet, épouse Charrier, publie une *Analise grammaticale simplifiée et raisonnée*, tellement simplifiée que l'analyse a perdu son *y*. L'ouvrage est destiné « aux mères qui font elles-mêmes l'éducation à leurs enfants », très pratique en période de confinement. Il débute par une leçon préliminaire qui rappelle ce qui nous semble une évidence :

> Comme il est indispensable pour l'analise (*sic*) grammaticale de distinguer les mots, il sera bon de faire faire l'exercice suivant.
> Exercice pour distinguer les Mots entre eux. L'élève doit remarquer qu'il existe toujours entre chaque mot écrit ou imprimé une séparation plus grande qu'entre chacune des lettres qui le composent ; il indiquera cette séparation par une ligne verticale, ainsi qu'il suit :
> Autrefois | le | rat | de | ville (5 mots)
> Invita | le | rat | des | champs | (5 mots)
> D' | une | façon | fort | civile

L'extrait est tiré d'une fable de La Fontaine, *Le Rat de ville et le Rat des champs*. Une note sur le *D'* précise :

> Ce signe ', qu'on nomme apostrophe, placé au milieu d'une de ces séparations, indique l'existence de deux mots qui se réunissent dans la prononciation, savoir : un avant, auquel on a ôté la dernière lettre ; et un après l'apostrophe. *D'* est ici pour *De*.

Identifier qu'une phrase est constituée de mots, eux-mêmes formés de lettres, voici en effet une règle essentielle, et facile à apprendre, à la ville et aux champs :

> Adieu donc ; fi du plaisir
> Que la crainte peut corrompre.

9. Jeu de construction

Qui n'a jamais compulsé un traité de syntaxe française ou n'a jamais eu envie de le faire, a pourtant sûrement joué aux Lego. Dans les deux cas, il s'agit d'assembler des briques prédécoupées, de les clipser solidement ensemble et de faire admirer ses chefs-d'œuvre à son entourage. Entre la syntaxe et ce jeu de construction, la seule différence est que l'un est tangible et l'autre non, le reste n'est qu'une question d'emballage et de prix.

Il n'y a pas de verbe, en français, pour dire « faire de la syntaxe ». Pourtant, *lego* est un verbe très important qui existe dans deux langues anciennes. En latin, il signifie *je trie* et *je lis* ; en grec, *je choisis*, *je rassemble* et *je dis*. Il paraît que le créateur du jeu ne le savait pas : il aurait choisi le nom de sa marque à partir des mots danois *leg godt* (joue bien), mais la coïncidence est trop belle pour être passée sous silence. Profitons de ce heureux hasard et jouons au Lego de la langue française.

10. Nature et fonction

L'essentiel est de bien connaître ses pièces, ce qui s'appelle identifier la *nature* du mot. Face à la multitude de briques colorées, la grammaire classique en nécessite moins de dix pour bâtir notre pensée : le déterminant, le nom, le pronom, l'adjectif, le verbe, l'adverbe, la préposition, l'interjection et la conjonction. Avec ces quelques familles de mots, le joueur peut fabriquer absolument toutes les phrases qu'il souhaite. Il faut pour cela les assembler de sorte que chaque brique ait sa place dans l'édifice, ou sa *fonction* dans la phrase, et c'est là que le jeu qui semblait si simple commence à prendre de la complexité : rien n'est si difficile que *l'enfance de l'art*, surtout pour un adulte.

Les fonctions varient selon les grammaires, selon la précision que l'on veut donner à la phrase. Il peut y en avoir une dizaine : complément d'agent, complément de nom, complément circonstanciel, fonction de modification, fonction de relation, fonction de détermination, épithète, apposition, apostrophe, sujet, etc. Toutes se résument aux trois fonctions suivantes : sujet, copule, prédicat. De cette union de mots naît une phrase. Le prédicat assemble – quel dommage que le mot *ensembler* n'existe pas ! – le verbe et tous les compléments qui le suivent. La « copule » en français est le verbe *être* lorsqu'il lie le sujet à son attribut : *Je suis amoureux de toi*. Et c'est tout. Précisément tout. Avec cela nous bâtissons de prodigieuses constructions de mots, de la modeste maison rurale aux gratte-ciels titanesques, de la bicoque au bord de l'eau au vaisseau spatial, de la paillote de fortune sur une île solitaire à la « fourmillante cité pleine de rêves » de Charles Baudelaire. Avec un plaisir enfantin, les auteurs s'amusent à jouer au chamboule-tout, construisant des phrases-monde, reflets de leur univers mental, jungle sauvage, pièces en enfilade d'un luxueux palais, galerie des glaces impressionnante ou modeste station-service, dans lesquels ils invitent les lecteurs à venir jouer à leur tour, c'est-à-dire à les analyser. L'analyse grammaticale est une action magnifique et c'est un cadeau à faire aux autres que de la transmettre et de la partager. *Analyser*, du grec *luo*, *lier*, signifie étymologiquement « défaire » un lien, un nœud, un problème, « délier », comme dans les élégants pleins et déliés de la calligraphie de jadis. *Analyser*, c'est donc *délivrer*, *libérer* le sens d'une phrase. C'est une activité qui demande de la méthode, c'est pourquoi l'analyse grammaticale s'appelle aussi l'analyse *logique*. C'est également une activité qui demande de l'attention : certaines phrases sont tellement tressées, chantournées, voire emberlificotées qu'il faut bien de la logique et de la patience pour les dénouer.

11. Qui a la plus longue ?

Victor Hugo, dans *Les Misérables*, a longtemps été le champion de la plus longue phrase, mais il fut battu par Marcel Proust dans *Sodome et Gomorrhe* :

> Sans honneur que précaire, sans liberté que provisoire, jusqu'à la découverte du crime ; sans situation qu'instable, comme pour le poète la veille fêté dans tous les salons, applaudi dans tous les théâtres de Londres, chassé le lendemain de tous les garnis sans pouvoir trouver un oreiller où reposer sa tête, tournant la meule comme Samson et disant comme lui : « Les deux sexes mourront chacun de son côté » ; exclus même, hors les jours de grande infortune où le plus grand nombre se rallie autour de la victime, comme les Juifs autour de Dreyfus, de la sympathie – parfois de la société – de leurs semblables, auxquels ils donnent le dégoût de voir ce qu'ils sont, dépeint dans un miroir qui, ne les flattant plus, accuse toutes les tares qu'ils n'avaient pas voulu remarquer chez eux-mêmes et qui leur fait comprendre que ce qu'ils appelaient leur amour (et à quoi, en jouant sur le mot, ils avaient, par sens social, annexé tout ce que la poésie, la peinture, la musique, la chevalerie, l'ascétisme, ont pu ajouter à l'amour) découle non d'un idéal de beauté qu'ils ont élu, mais d'une maladie inguérissable ; comme les Juifs encore (sauf quelques-uns qui ne veulent fréquenter que ceux de leur race, ont toujours à la bouche

les mots rituels et les plaisanteries consacrées) se fuyant les uns les autres, recherchant ceux qui leur sont le plus opposés, qui ne veulent pas d'eux, pardonnant leurs rebuffades, s'enivrant de leurs complaisances ; mais aussi rassemblés à leurs pareils par l'ostracisme qui les frappe, l'opprobre où ils sont tombés, ayant fini par prendre, par une persécution semblable à celle d'Israël, les caractères physiques et moraux d'une race, parfois beaux, souvent affreux, trouvant (malgré toutes les moqueries dont celui qui, plus mêlé, mieux assimilé à la race adverse, est relativement, en apparence, le moins inverti, accable celui qui l'est demeuré davantage), une détente dans la fréquentation de leurs semblables, et même un appui dans leur existence, si bien que, tout en niant qu'ils soient une race (dont le nom est la plus grande injure), ceux qui parviennent à cacher qu'ils en sont, ils les démasquent volontiers, moins pour leur nuire, ce qu'ils ne détestent pas, que pour s'excuser, et allant chercher comme un médecin l'appendicite l'inversion jusque dans l'histoire, ayant plaisir à rappeler que Socrate était l'un d'eux, comme les Israélites disent de Jésus, sans songer qu'il n'y avait pas d'anormaux quand l'homosexualité était la norme, pas d'anti-chrétiens avant le Christ, que l'opprobre seul fait le crime, parce qu'il n'a laissé subsister que ceux qui étaient réfractaires à toute prédication, à tout exemple, à tout châtiment, en vertu d'une disposition innée tellement spéciale qu'elle répugne plus aux autres hommes (encore qu'elle puisse s'accompagner de hautes qualités morales) que de certains vices qui y contredisent comme le vol, la cruauté, la mauvaise foi, mieux compris, donc plus excusés du commun des hommes ; formant une franc maçonnerie bien plus étendue, plus efficace et moins soupçonnée que celle des loges, car elle repose sur une identité de goûts, de besoins, d'habitudes, de dangers, d'apprentissage, de savoir, de trafic, de glossaire, et dans laquelle les membres mêmes, qui souhaitent de ne pas se connaître, aussitôt se reconnaissent à des signes naturels ou de convention, involontaires ou voulus, qui signalent un de ses semblables au mendiant dans le grand seigneur à qui il ferme la portière de sa voiture, au père dans le fiancé de sa fille, à celui qui avait voulu se guérir, se confesser, qui avait à se défendre, dans le médecin, dans le prêtre, dans l'avocat qu'il est allé trouver ; tous obligés à protéger leur secret, mais ayant leur part d'un secret des autres que le reste de l'humanité ne soupçonne pas et qui fait qu'à eux les romans d'aventure les plus invraisemblables semblent vrais, car dans cette vie romanesque, anachronique, l'ambassadeur est ami du forçat : le prince, avec une certaine liberté d'allures que donne l'éducation aristocratique et qu'un petit bourgeois tremblant n'aurait pas en sortant de chez la duchesse, s'en va conférer avec l'apache ; partie réprouvée de la collectivité humaine, mais partie importante, soupçonnée là où elle n'est pas, étalée, insolente, impunie là où elle n'est pas devinée ; comptant des adhérents partout, dans le peuple, dans l'armée, dans le temple, au bagne, sur le trône ; vivant enfin, du moins un grand nombre, dans l'intimité caressante et dangereuse avec les hommes de l'autre race, les provoquant, jouant avec eux à parler de son vice comme s'il n'était pas sien, jeu qui est rendu facile par l'aveuglement ou la fausseté des autres, jeu qui peut se prolonger des années jusqu'au jour du scandale où ces dompteurs sont dévorés ; jusque-là obligés de cacher leur vie, de détourner leurs regards d'où ils voudraient se fixer, de les fixer sur ce dont ils voudraient se détourner, de changer le genre de bien des adjectifs dans leur vocabulaire, contrainte sociale, légère auprès de la contrainte intérieure que leur vice, ou ce qu'on nomme improprement ainsi, leur impose non plus à l'égard des autres mais d'eux-mêmes, et de façon qu'à eux-mêmes il ne leur paraisse pas un vice.

Proust comparait son œuvre à une cathédrale et, de fait, sa phrase en est une, exubérante et inachevée comme la Sagrada Familia. Pour tous ceux qui peineraient à trouver le sujet grammatical de la phrase, pas d'inquiétude : il est inexprimé, omniprésent et secret, refoulé grammaticalement comme l'homosexualité dans la société que dépeint Proust avec amertume. Depuis, le record de la phrase la plus longue a été battu à plusieurs reprises, dont plus récemment, en 2008, par Mathias Énard dans une *Zone* de 500 pages et une seule phrase.

12. Ordre et beauté

Dans le jeu de construction linguistique qu'est la phrase, l'ordre des mots est essentiel. Il nous faut une fondation solide et ne pas commencer par la jolie fioriture de la fin. Aux yeux de Voltaire, précurseur du Lego *made in France*, l'ordre et la clarté constituent le génie de notre langue. Sujet-verbe-complément est la base à partir de laquelle les pensées les plus folles, les plus belles et les plus profondes s'élèvent. Parce qu'il a abandonné les cas et les déclinaisons, le français attache à l'ordre de la phrase un rôle de prédilection : chaque chose à sa place et une place pour chaque chose, rappellent en chœur non seulement grand-mère mais aussi la grammaire ! Lorsque nous écrivons *Le policier a tué le voleur* ou *Le voleur a tué le policier*, c'est la place qui détermine qui est le bourreau et qui est la victime, le sujet et l'objet.

Inversez le sujet et le verbe, la phrase devient interrogative : *As-tu froid ?* Les langues à cas et déclinaisons sont moins tributaires de l'ordre de la phrase mais le français, en tuant les cas tout en gardant une grande partie de la grammaire latine, en a particulièrement besoin. Changez l'ordre et tout devient absurde, la construction s'effondre et le sens s'affole : *L'homme qui m'aime prendra le train* n'a rien à voir avec *L'homme prendra le train qui m'aime.* Parfois, une simple brique en forme de virgule change le sens. *Les enfants qui sont turbulents n'auront pas de bonbons* définit une catégorie, ceux des enfants qui sont turbulents ; *Les enfants, qui sont turbulents, n'auront pas de bonbons* donne une explication : les enfants, parce qu'ils sont turbulents, n'auront pas de bonbons. Dans cet agencement si bien réglé, chaque détail compte. Prenons la place de l'adjectif : s'il est placé avant le nom qu'il qualifie, il indique une catégorie générale, s'il est placé après il ne s'applique qu'au nom qu'il qualifie. Plus simplement, *un homme grand* n'est pas *un grand homme.* Notre liberté est sous contrôle et il faut beaucoup de talent pour enfreindre ces règles. Chez Molière, *Le Bourgeois gentilhomme* amoureux découvre l'importance de l'ordre des mots :

> MONSIEUR JOURDAIN : Non, non, non, je ne veux point tout cela ; je ne veux que ce que je vous ai dit : « Belle Marquise, vos beaux yeux me font mourir d'amour. »
> MAÎTRE DE PHILOSOPHIE : Il faut bien étendre un peu la chose.
> MONSIEUR JOURDAIN : Non, vous dis-je, je ne veux que ces seules paroles-là dans le billet ; mais tournées à la mode ; bien arrangées comme il faut. Je vous prie de me dire un peu, pour voir, les diverses manières dont on les peut mettre.
> MAÎTRE DE PHILOSOPHIE : On les peut mettre premièrement comme vous avez dit : « Belle Marquise, vos beaux yeux me font mourir d'amour. » Ou bien : « D'amour mourir me font, belle Marquise, vos beaux yeux. » Ou bien : « Vos yeux beaux d'amour me font, belle Marquise, mourir. » Ou bien : « Mourir vos beaux yeux, belle Marquise, d'amour me font. » Ou bien : « Me font vos yeux beaux mourir, belle Marquise, d'amour ».

MONSIEUR JOURDAIN : Mais de toutes ces façons-là, laquelle est la meilleure ?
MAÎTRE DE PHILOSOPHIE : Celle que vous avez dite : « Belle Marquise, vos beaux yeux me font mourir d'amour. »

13. Solécismes

L'épreuve de la réalité, comme le cœur des belles dames, est sans merci. Ainsi nous pensons construire de magnifiques châteaux, mais faute de fondations solides, tout s'effondre. Les enfants invoquent leurs parents à la rescousse, les grammairiens évoquent un solécisme, sachant que si nous intervertissons *évoquer* et *invoquer* nous commettons une erreur sémantique. Un solécisme est un joli mot pour qualifier un vilain défaut : torturer la syntaxe. Selon la cruauté du sévice, il provoque un petit bruit désagréable voire un cri de douleur, lorsque tout sens s'est enfui et que seul s'entend le son déchirant de quelqu'un qui parle sans rien dire. Comme pour la musique, il y a des solécismes majeurs et des solécismes mineurs. En mode majeur, il se produit par exemple quand nous commençons une phrase sans savoir comment nous allons la terminer. En mode mineur, nous commettons un solécisme dès que nous nous rappelons de nos amours adolescentes, alors que *rappeler* est transitif (voir le point 37). Nous en ajoutons un autre si nous disons *habiter sur Paris* ou toute autre grande ville. Seuls les nuages de pollution habitent sur les villes. Les puristes sont choqués, nous voilà jugés, mais ce n'est pas le plus important. Songeons plutôt qu'à force de faire des entorses à la langue, elle qui fait de nous un être humain, qui nous permet de rêver, de penser, de séduire et de grandir, elle risque de boiter, voire de ne plus pouvoir marcher. Rangeons notre esprit, sortons notre grammaire et ordonnons nos mots, nous constaterons qu'en français « ordre et beauté » rime avec « luxe, calme et volupté ».

14. Un point c'est tout

Il n'existe pas beaucoup de grammaires et de dictionnaires des SMS, pourtant il y a fort à parier que « Appelle-moi… » soit interprété comme une invite au flirt ou au baiser. « Appelle-moi. » aurait été comminatoire voire autoritaire, « Appelle-moi ! » un brin désespéré et « Appelle-moi ? » faussement naïf et manipulateur, « Appelle-moi… » suggère l'amour. Selon la ponctuation, la phrase caresse l'oeil si les sentiments sont réciproques, donne des frissons dans le dos si tel n'est pas le cas. Gad Elmaleh, grammairien et analyste du texto, recommande pour séduire d'« installer de l'ambiguïté grâce aux trois points de suspension ».

Cette puissance érotique tacite des points de suspension, que Walter Benjamin appelait « le code universel morse pour dire l'amour », est présente depuis des siècles, car les textes qui rendent les points de suspension courants en français sont les textes libertins. Cet usage est lié d'abord à la censure : au XVIIe siècle, tout ne peut pas tout être dit ou écrit, mais tout peut être suggéré. C'est la période où les textes commencent par un exergue qui ne trompe pas grand-monde, où l'auteur dit qu'il n'a pas écrit le livre, mais que *quelqu'un* le lui a donné tel quel, au contraire d'aujourd'hui où certains auteurs n'écrivent pas leurs livres, mais font appel à des écrivains fantômes. Les auteurs jouent à cache-cache avec l'autorité et la censure en masquant noms, injures, sexes, bref tout ce qui peut-être considéré comme licencieux, derrière trois petits points de suspension.

Ainsi, cet Anonyme de 1787 dissimule de gros désirs avec trois petits points :

> Ces petits c… dont l'on fait fête,
> Où le v… ne met pas la tête,
> N'assouvissent point mon désir :
> J'aime les c… de belles marges,
> Les grands c… qui sont gros et larges
> Où je m'enfonce à mon plaisir.

Adeptes du triolisme – trois petit points, un pour l'auteur, un pour le lecteur et le dernier pour le mot caché –, les points de suspension vont toujours par trois, sauf en chinois où ils sont six. Ils s'adressent au lecteur, comme une balle qui rebondit, attendant d'être rattrapée par un autre joueur de mots, trois petits sauts et puis s'en vont dans l'autre sens ou se perdent dans le silence faute de répartie.

Si le point de suspension est une invention graphique plutôt récente, le procédé, lui, date de l'Antiquité : il s'appelle l'« aposiopèse », une figure de style qui plonge dans un silence pesant toute conversation entre non-érudits. Il pèse sur la langue de celui qui l'emploie puisqu'il désigne simplement le fait de suspendre son propos pour se taire. Il a une origine politique, il correspond au moment où l'orateur – un Démosthène, un Cicéron, un Macron – suspend son discours pour laisser l'auditoire deviner la suite. Le procédé oral est suffisamment important pour avoir été noté dans les textes. Il ne s'agit pas de lancer une bordée d'injures aux sénateurs romains et aux citoyens grecs, mais d'user d'un silence expressif, un « je ne dis rien mais n'en pense pas moins ». Le silence est périlleux : il faut être un fort bon orateur pour éviter les malentendus et réussir à mettre « sur la même longueur d'onde » ses interlocuteurs. Ce n'est manifestement pas le cas du vieil Arnolphe et de la douce Agnès, chez Molière, dans *L'École des femmes* :

> ARNOLPHE, *bas, à part* : Outre tous ces discours, toutes ces gentillesses,
> Ne vous faisait-il point aussi quelques caresses ?
> AGNÈS : Oh ! tant ! il me prenait et les mains et les bras,
> Et de me les baiser il n'était jamais las.
> ARNOLPHE : Ne vous a-t-il point pris, Agnès, quelque autre chose ?
> (*La voyant interdite.*)
> Ouf !
> AGNÈS : Eh ! il m'a...
> ARNOLPHE : Quoi ?
> AGNÈS : Pris...
> ARNOLPHE : Euh ?
> AGNÈS : Le...
> ARNOLPHE : Plaît-il ?
> AGNÈS : Je n'ose,
> Et vous vous fâcherez peut-être contre moi.
> ARNOLPHE : Non.
> AGNÈS : Si fait.
> ARNOLPHE : Mon Dieu ! non.
> AGNÈS : Jurez donc votre foi.
> ARNOLPHE : Ma foi, soit.
> AGNÈS : Il m'a pris... Vous serez en colère.
> ARNOLPHE : Non.
> AGNÈS : Si.
> ARNOLPHE : Non, non, non, non. Diantre ! que de mystère !
> Qu'est-ce qu'il vous a pris ?
> AGNÈS : Il...
> ARNOLPHE, *à part* : Je souffre en damné.
> AGNÈS : Il m'a pris le ruban que vous m'aviez donné.
> À vous dire le vrai, je n'ai pu m'en défendre.

Le théâtre en général, et Molière en particulier, affectionne les séduisants points de suspension. D'ailleurs, c'est dans la traduction anglaise d'*Andrienne*, une pièce latine de Plaute, que sont apparus les premiers points de suspension, bientôt suivis de deux autres. Sur scène, les points de suspension déploient tous leurs sens, qui sont, paraît-il, plus de vingt. Ne croyons pas que les « trois petits points » ne servent qu'à faire des propositions malhonnêtes ou des suggestions timides. Ils indiquent la rupture, lorsque dans un dialogue un personnage interrompt un autre, ou finit ses phrases, comme Arnolphe. Ils enjolivent l'énumération, lorsque le lecteur a pour mission de poursuivre la liste d'un auteur fatigué, ou pressé de passer à la suite. Ils accélèrent la citation lorsque, pris entre deux crochets, ils indiquent une coupe, parfois barbare : « Longtemps, je me suis couché de bonne heure [...] dans le Temps », permet de lire en une phrase toute *La Recherche du temps perdu*. Ils miment l'hésitation et la timidité, les soupirs et les silences balbutiants, comme ceux de la candide Agnès de *L'École des femmes*. Ils mettent du suspens dans la lecture, cette conversation muette avec un livre. Dans tous les cas, ils placent le lecteur et l'auteur sur un plan d'égalité puisque l'un est à même de poursuivre la pensée de l'autre, à ses risques et périls.

Souvent négligée, toute la ponctuation française respire pourtant l'érotisme. Inspirée sans doute par le sujet du livre, la virgule, ou « petite verge », s'est dressée pour la première fois en 1534, à Toulouse, dans les *Controverses des sexes masculins et féminins*, d'un certain Gratien du Pont. Le point a une origine bien ancienne, il est vieux et jeune comme la passion : si *punctum* désigne la marque que fait le stylet, le stylo, le doigts, sur la page, il signifie aussi la pointe des flèches que tire Éros/Cupidon et la blessure qui s'en suit dans les cœurs. Plus charnels et moins sentimentaux, le point d'interrogation viendrait directement du *q*, la question *quo* ou *quid* en latin. Le point virgule est littéralement volcanique, car il est né *sur l'Etna – de Aetna* en latin –, à la fin du XVᵉ siècle, lorsque l'humaniste Pietro Bembo entreprend de raconter son ascension du volcan sicilien.

Le point d'exclamation est orgasmique par définition, qu'il vienne ou non du cri de joie *io*, le cri de ralliement des bacchants et bacchantes dans l'Antiquité. S'il fallait en rajouter, en espagnol, les points d'exclamation et d'interrogation sont culbutés, c'est-à-dire placés à l'envers au début et à la fin de la phrase : *¿Qué tal ? ¡Olé !*

Ces signes muets n'ont pas de sens s'ils ne s'accrochent à la chair des mots. Ils sont les clins d'œil et les mimiques qui trahissent les émotions, le langage muet du cœur. Ils disent les soupirs, les respirations, le rythme et la voix d'une personne. Ils sont l'âme du texte, ce qui le rend unique, comme chacun d'entre nous.

15. Le point de départ

Les signes de ponctuation ont été créés pour venir en aide au lecteur débutant ou hésitant. Les traités antiques, de Quintilien ou d'Aristophane de Byzance, s'adressent à ceux qui déjà apprennent difficultueusement le latin et le grec. C'est au IIᵉ siècle que Nicanor compose le plus long traité de ponctuation jamais écrit, un opus en six livres. Le latin comme le grec, l'allemand ou la plupart des langues slaves, sont des langues à cas, si bien que la ponctuation y est moins vitale que pour nous. Elle sert à indiquer les respirations et le rythme d'une phrase, mais pour nous qui n'avons plus de cas et qui définissons le rôle des mots en fonction de leur place, la ponctuation est essentielle. Si nous écrivons *Venez manger les enfants* ! au lieu de *Venez manger, les enfants* !, c'est non seulement un crime mais une amphibologie, c'est-à-dire une équivoque fâcheuse. Il n'est donc guère étonnant dans ces conditions ogresques que le deuxième livre imprimé en français ait été un traité de ponctuation, l'incunable *Compendiosus de arte punctandi dialogus* qui raconte en 1471 la conversation entre le Maître du dialogue et son élève. Avant l'imprimerie, il est très difficile de dessiner un petit point ou une courbe virgule, sous peine de laisser croire à une pachygraphie, c'est-à-dire une grossière tache d'encre. Les signes de ponctuation sont donc à la fois plus appuyés et simplifiés par souci de clarté.

C'est avec l'imprimerie que naissent nos signes de ponctuation actuels, le point, la virgule, le point d'exclamation qui s'appelle alors joliment le « point d'admiration », l'interrogant, l'astérisque, les parenthèses ainsi que d'autres qui évoquent nos smileys/emoji : le *pied-de-mouche* ¶, la *manicule* ☛, l'*obèle* †, la *croix* ✘, le *losange* ♦, le *soleil* ☼, sans oublier le *casseau*, le *couillard* et la *feuille aldine*. Les typographes sont facétieux. Ils appellent « sus » les points de suspension et ils ne mettent jamais de *couillard* sur les élégantes *feuilles aldines* : ce sont tous deux des *culs-de-lampe*, destinés à orner une page, quoi de plus beau en effet ! Ces petits dessins ne font pas qu'évoquer nos smileys, ils en sont l'origine, puisque, tombés en désuétude avec la machine à écrire, ils ont connu une nouvelle jeunesse avec l'informatique et le codage. Ils nous sont redevenus familiers par l'entremise du traitement de texte : ainsi, quand nous caressons l'écran d'un doigt ou avec une souris, la petite main qui apparaît est l'ancienne *manicule* qui pointait sur les textes les passages importants. L'*obèle*, la dague, signale un passage douteux ou une espèce disparue. Le *pied-de-mouche* que les moines utilisaient pour signifier la fin d'un paragraphe apparaît de nos jours lorsque les marques de caractère sont affichées par le logiciel de traitement de texte.

16. À la virgule près

Comment bien manier nos signes silencieux pour ne pas en dire trop, ou trop peu ? Le français distingue deux types de ponctuation, la « forte » et la « faible ». Sont forts les points et faible la virgule. Entre les deux, le point-virgule préfère tout de même se ranger du côté des forts puisqu'il est une ponctuation dite « semi-forte ». De même que les blancs et les alinéas (qui sont aussi parfois comptés comme des signes de ponctuation), avant même la lecture, points et virgules dessinent la singularité d'une page. Ils lui donnent un visage, une expression, des lignes denses et longues ou au contraire de petites lignes fragmentées. Les virgules rident le texte, les points d'interrogation et d'exclamation l'animent, les deux-points ouvrent une bouche et les guillemets lui ajoutent un porte-voix. Les tirets dessinent les traits d'un nouveau personnage, que ce soit dans un dialogue ou au cœur d'un récit. Ce sont les cadratins et les demi-cadratins. Fidèles, ils vont toujours par deux, de même que les parenthèses, autrefois appelées si joliment « lunules ». Le cadratin toutefois ne descend pas de la montagne en galopant : du temps où les livres étaient composés à la main, le « cadrat » désignait le plomb blanc correspondant à la taille de la fonte. En termes contemporains, le cadratin équivaut à la taille du corps de police choisie. Il est donc proportionnel à l'écriture, à la différence du point qui, lui, a été mesuré et doit faire 0,002256 m « environ », précise Pierre Larousse.

Comme deux traits d'*eye-liner* sur des beaux yeux, la virgule met en valeur. Elle découpe l'incise dans une phrase, isole un mot ou un groupe de mots, met en exergue une personne ou une dédicace : *Je vous souhaite, chers amis, une bonne soirée* ; *Ivre, il partit la chercher* ; *Au parfait magicien ès Lettres françaises*, comme Charles Baudelaire dédiant *Les Fleurs du mal* à Théophile Gautier. Si elle sépare, c'est pour segmenter des réalités qui sont sur le même plan. Aussi est-elle la reine des énumérations et de l'action : *Je le vis, je rougis, je pâlis à sa vue.* Elle remplace alors le *et* et le *ou* : *Adieu veau, vache, cochon, couvée*, ne reste plus que le silence de la virgule, dont la durée est laissée au bon vouloir du lecteur. Placée après *et*, elle provoque une légère suspension, comme un mini-enjambement poétique dans la prose. Souvent nous nous trompons en plaçant la virgule avant le *et*, ce qui est une redondance et prive notre écriture d'un des charmants effets de la langue française qui n'existe pas dans d'autres langues. La phrase *Je t'ai vue, tu m'as vu et nous ne nous sommes plus quittés* n'est pas identique à *Je t'ai vue, tu m'as vu et, nous ne nous sommes plus quittés.* Grammaticalement, les deux sont correctes, mais la seconde version a quelque chose de plus émouvant : l'attente provoquée par une petite virgule suffit à créer de grands sentiments. Atone, à la différence du point, la virgule est le battement de cœur d'une phrase. Stimulante, elle fait galoper le récit en lui donnant des petits coups de fouet : n'oublions pas qu'elle est à l'origine une baguette, *virgula* en latin. Elle est le grain de sel de l'écriture, chacun peut en user comme bon lui semble, sans trop d'excès toutefois, sous peine de rendre son texte bredouillant. Fine, elle ne s'utilise pourtant pas à la légère. Victor Hugo, pourtant généreux en matière de ponctuation, en usait avec une précaution extrême, allant jusqu'à comparer les virgules envahissant le texte aux sauterelles envahissant l'Égypte. L'auteur de la *Légende des siècles* retourna les épreuves aux imprimeurs des belles éditions Hetzel parce qu'elles étaient arrivées « tatouées de cette vermine », regrettant d'avoir dû « épouiller tout cela », écrit-il à Hetzel le 20 septembre 1859. « La virgule fait l'homme », nous apprend Javert au livre III des *Misérables*, avant de se suicider, sans doute à cause d'une trop petite virgule.

Avec les points, nous ajoutons de la musique à la phrase. Ces recommandations, apprises à l'école pour lire à haute voix, font de nous de petits chanteurs lisant une partition, dans le silence de leur esprit. Cette dimension musicale est particulièrement importante en français qui est, pour le reste, une langue monocorde, la ponctuation étant par conséquent l'élément musical par excellence (le seul !) de la langue. Le point fait descendre la voix. Cela donne tout son sens au point-virgule, qui permet de mettre sur la même tonalité deux segments de phrase. La voix monte quand elle rencontre le point d'interrogation ; avec le point d'exclamation la transformation musicale est achevée puisque le lecteur est invité à faire chanter les dernières syllabes. Malheureusement, nous ne chantons pas toujours juste et souvent trop fort. Voici donc quelques préceptes pour ne pas casser les oreilles de nos interlocuteurs. Cela peut sembler une évidence, mais dans les faits nous ne respectons pas toujours cette règle : le point d'exclamation ne s'utilise qu'en cas de cri, soit pour donner un ordre, soit pour montrer la crainte, l'admiration, la colère, l'émotion, la douleur, la passion, l'orgasme bien sûr, et tout ce qui donne envie de hurler. Évitons dans nos mails le « Bonjour ! » et autres « Amicalement ! » sauf s'il s'agit de signifier à son lecteur qu'il est sourd. Au lieu d'attirer l'attention, dans ce cas, le point d'exclamation donne plutôt envie de passer son chemin.

Notre époque adore les points d'exclamation et les utilise à tire-larigot, soit pour couvrir le bruit incessant de la cité-monde de l'interconnexion, les gazouillis des tweets, des messages, des dépêches, des rappels, qui « tombent » sans relâche, soit pour marquer l'émotion et la réaction perpétuelles. Les adeptes de sensations fortes pimentent les textes du « ! » qui dresse des panneaux « Attention danger » dans nos écrits. Qu'importe de le déplorer, la ponctuation traduit la musique d'une époque et nous adorons nous exclamer. Nous ne sommes pas les seuls : au XVIIe siècle, les auteurs de tragédie, passionnés de pathétique, s'exclament à tout-va, de même les romantiques. Amateurs de points d'exclamations, réjouissez-vous : si nous ne pouvons pas les utiliser pour toutes les phrases, nous pouvons en utiliser plusieurs par phrase. Attention, dans cet emploi, quoi qu'en pense le correcteur orthographique, il ne nécessite pas de nouvelle majuscule puisqu'il s'agit de la même phrase : *Eh bien ! nous voici dans de beaux draps !* Il en va de même lorsqu'il est combiné avec le point d'interrogation : *Quoi ?! tu n'es pas prêt ?!*

Aujourd'hui, nous utilisons couramment une dizaine de signes de ponctuation, mais il en existe d'autres.

Nombreux sont les amoureux de la langue et de la typographie qui en ont proposé de nouveaux. Parmi les plus charmants se trouve le point d'ironie (؟) Ce point est né au XIXᵉ siècle, celui de l'amour et de l'ironie, l'un et l'autre chantés dans « L'Angoisse », un des *Poèmes saturniens* de Verlaine :

> Je ne crois pas en Dieu, j'abjure et je renie
> Toute pensée, et quant à la vieille ironie,
> L'Amour, je voudrais bien qu'on ne m'en parlât plus.

Charmant aussi le *point exclarrogatif* qui fusionne graphiquement et sémantiquement les points d'exclamation et d'interrogation (‽), le point d'indignation (¡¡) ou le *point d'amour* en forme de cœur (؟?). Ces propositions n'ont pas été retenues depuis, les smileys sont apparus, qui remplissent pour partie la même fonction, atteignant parfois des degrés d'émotivité ou de subtilité désarçonnants. Hybrides entre la ponctuation et le sens, ils réintroduisent l'idéogramme dans notre langue et nul doute que les philologues de demain devront les prendre en compte.

Ne négligeons pas la ponctuation : elle est le miroir d'une pensée, le visage d'un texte, ce qui le rend unique, que l'on soit écrivain ou écrivant. Les plus grands auteurs y veillent farouchement. Ils savent que c'est leur voix, donc une partie de leur âme, qu'ils jouent.

II

NOM ET ADJECTIF

17. Nom de nom !

« Le NOM est un mot qui désigne les personnes et les choses : *Adam*, *Auguste*, *Marseille*, *le Rhône* ; *homme*, *empereur*, *ville*, *fleuve*. Il y a deux sortes de noms : le *nom propre* et le *nom commun* », explique Jules Radu dans ses *Nouvelles méthodes. Lecture, écriture, calcul, grammaire, géographie, histoire générale*, en 1868. Nous avons tous un nom. L'État et l'état civil nous l'imposent. Les animaux, les objets, eux aussi, ont un nom, appelé également « substantif », quitte à dire « machin », « truc » ou « bidule », sans quoi ils n'existeraient pas. Cette nécessité est commune à toutes les langues. En 1956, dans la postface de ses *Éthiopiques*, Léopold Sédar Senghor utilise les mots justes :

> Il suffit de nommer la chose pour qu'apparaisse le *sens* sous le *signe*. Car tout est signe et sens en même temps pour les Négro-Africains : chaque être, chaque chose, mais aussi la matière, la forme, la couleur, l'odeur et le geste et le rythme et le ton et le timbre, la couleur du pagne, la forme de la kôra, le dessin des sandales de la mariée, les pas et les gestes du danseur, et le masque, que sais-je ?

Le nom ne désigne pas seulement des choses vivantes, animées ou matérielles, mais aussi des notions abstraites. En 1944, dans la revue *Poésie 44*, Albert Camus s'intéresse à l'œuvre d'un philosophe, Brice Parain. Dans un article intitulé « Sur une philosophie de l'expression », Camus explique que « l'idée profonde de Parain est une idée d'honnêteté : la critique du langage ne peut éluder ce fait que nos paroles nous engagent et que nous devons leur être fidèles. Mal nommer un objet, c'est ajouter au malheur de ce monde ». Cet objet qu'évoquent Camus et Parain est le réel : le manipuler équivaut à mentir au monde. D'autant que mentir à un parrain n'est pas raisonnable : tous ceux qui ont vu *Le Parrain* de Francis Ford Coppola connaissent le risque de retrouver dans son lit une tête de cheval coupée. Bref, soyons sérieux quand il faut nommer les choses, nom de nom !

18. Le propre d'un nom

Le nom propre se distingue du nom commun par une majuscule. Il désigne quelque chose qui n'a pas son pareil, qu'il s'agisse d'un être vivant ou d'un lieu. Parfois, malgré leur propreté, les noms propres résonnent un peu sale, ils sont alors des « caconymes », selon le terme inventé par l'historien Bruno Fuligni pour qualifier les patronymes cocasses. Qu'il est bon d'imaginer l'éditeur Auguste Poulet-Malassis – que Baudelaire surnommait Coco Mal-Perché – en pleine discussion avec Monseigneur Lanusse, aumônier militaire, à propos de Mongku, roi du Siam, ou du sénateur Henry Labitte. Dans tous les cas, ces noms prennent une majuscule. Tous les noms propres ne réagissent pas de la même manière au pluriel, certains prennent un *s*, comme une évidence : les Seychelles, les Alpes, les Indes… Quand il s'agit de personnes, les noms restent invariables, sauf s'il s'agit de familles royales : les Martin vont chez les Bourbons. En revanche, les Tartatampions accusent le pluriel, ce nom étant utilisé pour désigner une personne fictive ou oubliée. Parfois, un nom propre devient commun. C'est le cas avec les grammairiens – Louis-Nicolas Bescherelle ou encore Maurice Grevisse – qui nous ont offert des manuels indispensables : nous avons sur les étagères de nos bibliothèques un petit bescherelle et un vieux grevisse (voir le point 63 à propos des antonomases).

19. Le mot le plus long

Il fait son entrée dans la phrase avec pompe et circonstance, d'un pas pesant, majestueusement, royalement, colossalement. Les autres mots ont l'air tout petits à côté de lui, ce géant de la langue française. À moins d'être juristes, nous ne l'écrivons quasi jamais. Peut-être l'avons-nous prononcé, sans en avoir l'usage, juste pour goûter le-mot-le-plus-long-de-la-langue-française : *anticonstitutionnellement*. Avec ses 25 lettres, notre roi des (ani)mots fait pourtant pâle figure et ne pèse pas bien lourd à côté de ses équivalents allemand et anglais : *Rindfleischetikettierungsüberwachungsaufgabenübertragungsgesetz*, 63 lettres au garrot pour ce terme relatif aux lois sur la viande bovine de l'autre côté du Rhin, et 46 pour *pneumonoultramicroscopicsilicovolcanoconiosis*, un ultra microscopique virus qui, quoique britannique, doit sans doute passer toutes les frontières en toute discrétion, sauf celles des dictionnaires.

Officiellement, *anticonstitutionnellement* a été détrôné d'une lettre par *intergouvernementalisation*, deux si l'on met le mot au pluriel, lui-même chassé, avec humour, par *hexakosioihexekontahexaphobie*, la peur du nombre 666, et *hippopotomonstrosesquipédaliophobie*, la peur des mots trop longs. Ces pachydermes linguistiques, ces forts des foires langagières, ces culturistes de la culture, ces Schwarzenegger des dictionnaires, qui nous impressionnent avec leurs consonnes saillantes, leurs voyelles dessinées et leurs incroyables syllabes accumulées, ont un point commun : quand on étudie leur passé, on découvre de tendres et frêles gringalets. Ils se sont gonflés aux suppléments grammaticaux, les anciennes prépositions et conjonctions issues des syntaxes latines. Derrière l'impressionnant apparat des préfixes et des suffixes juridiques, sous la perruque faramineuse du *anti*, avec la cravate à jabot du *cum*, sous la robe impressionnante de la dérivation *-onnellement*, ne reste plus que *stitu*, le radical, qui se retrouve dans *instituer* ou *instituteur*. De même, l'impérial *intergouvernementalisation*, réduit à son simple appareil devient : *gouv*. Sans sa cour de préfixes et de suffixes, le roi est nu.

20. Affixes, préfixes, suffixes

Le français comporte environ 260 préfixes et 175 suffixes. C'est relativement peu par rapport à d'autres langues, mais suffisant pour créer une nouvelle catégorie grammaticale, celle des *affixes*. Les matheux et les horlogers connaissent le terme, mais pour le commun des mortels, il suffit de retenir, même si ce n'est pas très orthodoxe, qu'*un affixe se fixe à* un mot pour en amender le sens ou, comme le définit le *Trésor de la langue française*, qu'il est un « élément lexical qui s'ajoute à un mot ou à un radical pour en modifier le sens ou la fonction, appelé *préfixe*, *infixe* ou *suffixe* selon qu'il est placé au début, à l'intérieur ou à la fin du mot ». Même ceux qui ont été sages à l'école et qui connaissent des préfixes et des suffixes à la pelle n'ont jamais entendu parler de l'infixe. Pourtant, nous l'avons eu en bouche dès nos premiers mots en *-ill-*, les *mordillages*, les *enfantillages*. Nous le retrouvons également avec les voyelles aidant à la prononciation comme dans *latino-américain* ou *socialocommuniste*. Préfixes, infixes et suffixes sont eux-mêmes des exemples d'affixes, puisque *pr*, *in* et *su(b)* s'accolent à la racine verbale de *fixer* pour en modifier le sens : le préfixe se fixe avant, l'infixe se fixe à l'intérieur et le suffixe après.

S'ils sont apparus dans les grammaires du XIXe siècle, ces petits riens qui changent tout sont millénaires. Leur dénomination vient de l'hébreu et la plupart des nôtres proviennent du latin et du grec. Tous les jours, donc, nous remontons le temps et saluons grâce aux mots nos lointains ancêtres. Avec *anté-*, *in-*, *bi-*, *circum-*, *inter-*, *extra-*, *infra-*, *ultra-*, *post-*, *pro-*, *rétro-*, *semi-*, *super-*, *trans-*, *uni-*, nous partons en Gaule romaine. Avec *anti-*, *auto-*, *dys-*, *hémi-*, *hyper-*, *hypo-*, *méga-*, *méta-*, *poly-*, nous allons jusqu'à la Grèce. Voilà les plus vivaces ; d'autres n'ont pas résisté aux ravages du temps. Nous ne formons plus de mots avec *fori*s (à l'extérieur), que nous entendons encore dans *forban* ou *fourvoyer*. Le suffixe adverbial en *-ons* ne ressurgit que dans *à reculons*.

Les mots se vêtent de préfixes, d'affixes et de suffixes pour se protéger, s'embellir ou se déguiser. Avec *in-* ou *de-*, ils se travestissent en leur opposé : *nous défaisons* ce que nous avons fait, parfois à grand-peine, nous acceptons jusqu'à l'*inacceptable*. Avec *-able*, *-isme* ou *-ique*, ils se transforment en adjectifs ; avec *-ment*, en adverbes ; avec *-iste*, *-eur* ou *-trice*, en noms. Ainsi bien habillés, ces nouveaux mots s'éloignent de leurs originaux : nous connaissons d'indécrottables séducteurs, mais nous ne les imaginons pas couverts de crotte, à moins qu'ils soient aussi des pervers coprophiles. Nous n'entendons plus guère la *pertinence* dans l'*impertinence*. Vêtus différemment, ces mots n'évoluent plus dans le même champ lexical, ils ne sont plus du même monde. Comme sur les T-shirts à message, ils affichent l'humeur de celui qui le porte, bonne si nous trouvons tout *sublimissime* et mauvaise lorsque nous pestons après la *marmaille*.

Dans le monde des mots, certains gravissent l'échelle sociale, à force de préfixes, d'infixes, de suffixes et de dérivations, s'arrachant à leurs humbles familles d'origine, dont la trace parfois disparaît entièrement. C'est le cas d'*aguerrir*, qui a laissé sur le champ de bataille le verbe *guerrir*, mort au combat pour la famille des mots issus de *guerre*. Avec les suffixes en *-asse* et en *-âtre*, les mots les plus beaux dégringolent l'échelle sociale : le bel éphèbe devient un *bellâtre*, l'adorable blonde devient une vulgaire *blondasse*. D'autres au contraire enjolivent, ennoblissent et grandissent. Ils sont dits « mélioratifs » : ils sont *bellissimes*, et un brin *mégalomanes*.

Les affixes donnent un air de familiarité aux plus grands auteurs. Saint-Simon semble plus abordable lorsqu'il s'exclame devant Madame de Maintenon : « Eh oui ! répliquai-je, Madame, fait et archifait. Je ne vous dit ni conjonctures, ni contes, je vous dis seulement que cela est fait. » Les affixes ouvrent l'un des seuls terrains de jeu où la langue populaire rejoint la langue savante, où la *supernova* et le *mégalodon* des scientifiques affrontent l'équipe des « méga-super bien » et le *supercalifragilisticexpidélilicieux* de Mary Poppins. *Archi* peut se hausser du col. Il est le préféré d'un mégathéropode de la littérature, Flaubert, qui, dans sa *Correspondance*, reçoit des lettres « archi-aimables », avec des compliments « archi-flatteurs » et qui est « archi-content » parce qu'il qu'il commence un « chapitre archi-lubrique ». Si certains grandissent, d'autres diminuent. Ils sont dits « amenuisants » : la *camionnette* est un petit camion, la *fleurette* une petite fleur, la *particule* une petite partie et l'*homoncule*, un petit homme, avec quelques exceptions : par exemple la *cigarette* n'est pas un petit cigare, ni l'*omelette* un petit homme.

21. S'habiller d'une particule

Si l'expression *« Small is beautiful »* a été inventée en anglais par l'économiste E. F. Schumacher, le français sait depuis longtemps que ce qui est petit est joli. Pour ce faire, c'est étonnant, il n'économise pas ses lettres, depuis les poètes du XVIe siècle, qui raffolent des diminutifs : *tendrelet*, *agnelet*, *baisotter*, la liste est longuette des enfants mignardelets qui courent le long des ruisselets argentelets et baisottent leurs tendrelettes mignonettes. Les poètes renaissants en raffolent tant et si bien que la langue classique préfère les éviter et, avec le temps, le diminutif finit par signifier une diminution. L'*Amourette* à la Ronsard est passionnée et torride : « que de la dent votre tétin je morde », « que vos cheveux fil à fil je détorde », « je vous disais que la main j'allais mettre / Sur votre sein », avec, pour finir :

En votre lit, quand vous seriez seulette
Or sus ! C'est fait, ma gentille brunette
Recommençons afin que nos beaux ans
Soient réchauffés de combats si plaisants.

Au siècle de Brassens, l'amourette occupe « les jours où Cupidon s'en fout ». Si l'amour supporte mal la petitesse, d'autres mots, au contraire, non seulement s'en accommodent mais prennent davantage de valeur sentimentale avec un diminutif. Ils s'appellent « hypocoristiques », manière savante de dire une tendresse, soit celle d'un parent vis-à-vis de son enfant, soit d'un amant pour son amante. C'est ainsi qu'au vert paradis des mots tendres, *minou*, *chaton*, *laperau*, *chiot*, *baleineau* et *caneton* désignent à la fois les petits des animaux et les petits mots doux des êtres humains.

L'affixe est une particule lexicale qui s'ajoute à un terme. Dans la bouche, l'affixe se colle au mot ; à l'écrit, il fait un temps bande à part, agrippé par un tiret, jusqu'à ce que l'union soit consommée sur le papier avant que le mariage ne soit légitimé par les dictionnaires. Certains préfèrent garder leur indépendance, conservant le trait d'union, comme *sous-équipement*. D'autres préfèrent l'union libre, laissant la porte ouverte en se parant d'une apostrophe, comme *entr'ouvrir*. La plupart du temps la fusion est totale : sous les caresses du *l*, du *r* ou du *m*, sous les baisers des *p* et des *b*, les affixes se transforment, abandonnant une lettre comme *in-* devenant *irrésistible*, *illogique* ou *immodéré*. Quand il se frotte au *t* et au *f*, *ad-* devient *affable* ou *attachant*. Le plus métamorphe, le plus affectueux est *cum* (avec) qui *coopère*, *concourt* ou *commémore*, se glissant dans tous les mots avec délice et bonhomie. Ces transformations les rendent imperceptibles comme un postiche ou un bijou si réussis qu'ils semblent faire corps avec la personne : les mots sont parfois plus habiles que les hommes.

Discrets, préfixes et suffixes pâlissent. Qui se souvient que *vermeil* fut jadis le *vermicule*, un petit ver nommé aussi « cochenille » ? Certains y regarderont à deux fois maintenant avant d'embrasser des lèvres vermeilles. De même, dans tous les adverbes en *-ment*, qui ont une fâcheuse tendance à pulluler dans la langue contemporaine, nous ne percevons plus le sens originel de ce suffixe, issu du latin *mente*, « avec esprit ». Peut-être que si nous pensions que c'est notre esprit qui est en jeu, nous y réfléchirions avant de l'utiliser.

La plupart des préfixes et des suffixes viennent du latin et du grec, mais pas uniquement. Au germanique, nous devons les *lourdauds*, *finauds*, les *bavards*, les *vantards*, les *blafards* et tous les suffixes en *-aud* et *-ard*. Du Midi sont montées les *rigolades* et les *régalades*, et tous les suffixes en *-ade*. L'anglais fait résonner des *-ing* dans nos bouches, quitte à inventer des mots qui n'existent pas dans la langue de Sa Majesté, comme le *parking* (*car park*), le *brushing* (*blow-dry*) ou le *pressing* (*dry-cleaner*). Nous aimons les métisser et nous marions allègrement les origines latines et grecques chaque fois que nous allons voir un film de *super-héros* ou que nous sommes pris d'*hyperactivité*.

Avec les préfixes et les suffixes, les mots s'embellissent ou s'enlaidissent, se pomponnent, affichent leur humeur, deviennent tantôt savants, tantôt familiers. Ils se mettent sur leur 31 ou, au contraire, apparaissent dans le plus simple appareil. Timides, ils ne laissent voir leur intimité fragile qu'à ceux qui les aiment, patiemment : les philologues.

22. Le nom varie en genre

Les anges n'ont pas de sexe, paraît-il. Les mots, eux, en ont un qui leur est attribué. Il y a des noms féminins et d'autres masculins, cela est une évidence que nous apprenons au fur et à mesure que nous découvrons la langue. À force d'être corrigé, nous savons qu'il faut dire *une* table, *une* maison, *une* alcôve, *une* idylle, *une* oriflamme. À l'inverse, nous restons parfois perplexes devant *un* abîme, *un* pétale, *un* tubercule ou *un* uretère. Le déterminant est nécessaire pour connaître le sexe du nom : une fille, un garçon. Les Anglais, par exemple, ne connaissent pas ces subtilités et, par l'inversion des genres, leur français en devient charmant : « *Damned*, le joli dame que voici avec son gros voiture. »

La sonorité de certains mots prête à confusion. L'usage les a féminisés quand le dictionnaire les impose masculins : on dit *un* tentacule, *un* entracte, *un* ovule, *un* testicule (mais *une* couille). L'inverse est également vrai : *une* oasis, *une* échappatoire, *une* orbite. Certains noms sont à la fois féminins et masculins, sans qu'ils puissent être qualifiés d'hermaphrodites. C'est le cas des alvéoles, qui sont des filles chez les uns et des garçons chez les autres. C'est aussi le cas de l'après-midi. En 1878, dans *Une page d'amour*, Émile Zola s'intéresse à la passion et aux ravages qu'elle provoque : « Une après-midi, Jeanne dormait. Henri, qui l'avait trouvée très bien, s'était attardé dans la chambre, causant avec Hélène, occupée de nouveau à ses éternels travaux de couture devant la fenêtre. » Cette après-midi féminine est bien peu torride, mais a le mérite d'être calme. Deux ans plus tôt, l'après-midi est masculin et violent chez Alphonse Daudet, dans le roman *Jack* : « Le souvenir des coups sourds et des plaintes lugubres qu'il avait entendus tout un après-midi dans la chambre où le mulâtre et Màdou étaient restés enfermés, l'aurait rempli d'épouvante. »

23. Changement de sexe et d'identité

En changeant de sexe, certains mots changent de sens. Quand le ciel vire à l'orage, nous craignons *la foudre*, et quand le temps est à la mythologie, nous tremblons devant *le foudre* de Jupiter. Parfois, nous nous précipitons pour vider *un foudre*, un tonneau de grande dimension. Les mots sont ainsi, ils s'amusent à changer de signification et passent d'un genre à l'autre. *Le solde* du bilan comptable n'a pas grand-chose de commun avec *la solde* du soldat qui revient des combats. D'ailleurs, le guerrier est à *la merci* du vainqueur à qui il dit *un merci* s'il est épargné.

Sans être d'un mauvais genre, Louis Philippon de La Madelaine fait paraître sa *Grammaire des gens du monde, ou la Langue française enseignée par l'usage*, en 1807. Il s'attarde sur le mot *gens* : « Ce mot est féminin, si l'adjectif le précède ; et masculin, si l'adjectif le suit. Par exemple, on dit : *J'ai vu des gens bien faits, bien résolus*. Nous voyons tout de suite comme l'adjectif *bien faits*, après *gens*, est masculin. Au contraire, on dit : *Voilà de belles gens* ; *ce sont de sottes gens, de fines gens, de bonnes gens, de dangereuses gens* ; et ainsi l'adjectif devant *gens* est féminin. » Il serait triste qu'aucune exception ne vienne perturber cette règle : elle existe avec *tout*. Mis devant *gens*, il reste masculin : *Tous les gens ne sont pas de bonnes gens*… mais que dire de *tous ces bonnes gens* ? Le mot est étrange, car il ne peut être dénombré : si deux hommes et deux femmes se réunissent pour une partie carrée, il ne peut y avoir *quatre gens*. Cela ne se dit pas, mais une fois encore des exceptions existent : quand un adjectif qualifie le mot *gens*) il est possible de compter *dix petites gens*. Quand le mot devient adjectif, cette fois le féminin l'emporte : *Les gentes dames du temps jadis écoutaient de gentes ritournelles*. Le dictionnaire, qui jamais ne déjante, identifie une utilisation de l'adjectif *gent* au masculin : *Une jeune fille au corps gent*.

24. Le féminin des mots

La féminisation des mots est un débat de société, voire un combat, surtout dans le vocabulaire professionnel. Il est courant de parler d'une *institutrice*, mais moins d'une *professeure* ; d'une *directrice* d'école, mais moins d'une *directrice* d'entreprise. La plupart du temps, le nom du métier est masculin et l'on y ajoute le mot *femme* : *une femme juge*, *un médecin femme*, *une femme bâtonnier*, *une femme auteur*... Dans la huitième édition du *Dictionnaire de l'Académie française*, dans les années 1930, une *ambassadrice* est bien la femme d'un ambassadeur. De nos jours encore, certains mâles esprits, de moins en moins nombreux, n'imaginent pas dire « Madame la ministre ».

En 2019, les sages de l'Académie française ont tranché : ils ont adopté, à une large majorité, un rapport sur la féminisation des noms de métiers et de fonctions qui explique la nécessité pour l'institution de reconnaître l'évolution de l'usage : « Si, dans un premier temps, des femmes se sont accommodées des appellations masculines, c'est parce qu'elles avaient à cœur de marquer, dans la dénomination de leur métier, l'égalité de compétence et de mérite avec les hommes qui avait permis ce qu'elles regardaient comme une conquête ; ce constat est de moins en moins vrai, les nouvelles générations donnant souvent la préférence aux appellations qui font droit à la différence. » Il est temps de corriger cette virilisation du monde du travail pour l'adapter à la réalité de la société mais également pour renouer avec les usages du passé. Dans la quatrième édition du *Dictionnaire de l'Académie française*, dans les années 1760, une *ambassadrice* est bien une femme à qui est confiée une ambassade.

Il y a des mots qui sonnent mal à l'oreille quand ils sont mis au féminin, sans doute parce que nous n'y sommes pas habitués : *une débiteuse*, *une enquêteuse*... Un homme est borgne, mais comment est la femme qui n'a qu'un seul œil ? Elle est une *borgnesse*, comme Cateau Bellier, femme de chambre de la reine Anne d'Autriche, qui fut choisie pour déniaiser le jeune Louis XIV : puisqu'elle est borgne, le roi ne peut s'enticher d'elle. Le travail est bien accompli et Cateau Bellier devient baronne de Beauvais, mais aux yeux de tous elle demeure Cateau la Borgnesse.

La complexité ne fait pas peur aux grands écrivains. Gustave Flaubert s'adressant à Marie-Sophie Leroyer de Chantepie, autrice, écrit en 1857 « mon cher confrère et chère lectrice ». La *consœur* ne s'impose pas lorsque l'on s'adresse à une femme de la même profession. Pareillement, même avec ses jupes, ses dentelles, ses talons, un *laideron* demeure masculin.

Au féminin, certains mots prennent une connotation péjorative : un *amateur* de tableaux est un esthète, mais une *amatrice* paraît un peu novice. Pourtant, en 1810, le professeur de grammaire Étienne Molard, dans *Le Mauvais langage corrigé*, s'interrogeait sur le genre du mot *amateur* : « Ce mot a-t-il un féminin ? faut-il dire, une femme *amateur*, ou une *amatrice* ? Il me semble que l'analogie nous autorise à donner un féminin à ce mot, on dit, une *spectatrice*, une *actrice*, une force *créatrice* ; pourquoi ne dirait-on pas une *amatrice* ? » Il précise que la question se pose aussi pour les femmes qui écrivent : « On objectera, peut-être, qu'on ne dit pas *autrice*, et qu'il ne doit pas être plus permis de dire *amatrice* ; il y a beaucoup de différence : une femme qui fait un livre est une femme extraordinaire ; mais depuis longtemps, et aujourd'hui plus que jamais, les femmes cultivent leur esprit ; elles aiment les arts et les lettres ; il faut donc donner à ce mot une inflexion féminine, qui rende cette nouvelle idée. D'ailleurs *amatrice* vient du latin *amatrix*, et de l'italien *amatrice.* » *Un instituteur/une institutrice* ; *un acteur/une actrice* ; *un auteur/une autrice*… simplement.

Pourtant, la grammaire n'est pas la seule responsable. Pourquoi entendons-nous *vaine* dans *écrivaine* alors que la vanité est tout aussi présente chez les *écriVAINS* ? À nous de l'aimer, ce mot d'écrivaine, de le passer de bouche en bouche et de bouche à oreille, de le voir vivre et se développer comme une veine, jusqu'à ce qu'il ait autant de considération que son homologue masculin. *Écrivaine*, *autrice*, ont leur place au dictionnaire et surtout à l'usage.

25. L'amour au pluriel

La plupart du temps, le changement de sexe des noms distingue le singulier du pluriel : nous sommes admiratifs quand nous voyons *un aigle majestueux* planer dans les airs, nous le sommes tout autant devant *les aigles romaines*, des étendards. Au moment de la fête, nous chantons *un hymne paillard* accompagné d'*un bel orgue*. Dans une église, nous écoutons *les hymnes solennelles* et les *grandes orgues*. Ce changement de sexe est *un délice* – masculin au singulier – qui devient d'autant plus voluptueux quand il passe au pluriel et qu'il se féminise : *des délices voluptueuses*.

L'évolution de la langue explique le changement de genre. Puisque le français est vivant, il n'est pas étonnant que certains mots soient transgenres. Il y a un peu plus d'un siècle, à l'*automne naissante*, le repas pouvait se composer d'*un entrecôte* et d'*une pamplemousse*. L'amour lui-même a suivi ce chemin. Durant des siècles, il oscillait entre le masculin et le féminin. Le masculin l'a emporté – comme trop souvent d'ailleurs – et nous aimons d'*un amour puissant*. Au pluriel, il demeure féminin et cette fois nos *amours* sont *puissantes*. Puisque la langue est vivante, cette féminisation du pluriel tend à disparaître. Émile Littré considère déjà que « *amour* au féminin est un archaïsme ; *amour*, venant de *amor*, était féminin dans l'ancienne langue, comme tous les noms ainsi dérivés l'étaient et le sont encore : *douleur*, *peur*, etc. L'ancien français avait un excellent substantif, *amorie*, substantif féminin, pour exprimer le règne d'amour, les choses d'amour. Ce mot est regrettable ».

Nous connaissons ces mots masculins au singulier qui deviennent féminins au pluriel : *délice*, *orgue* et bien sûr *amour*. Cependant, une subtilité vient se glisser ici : mettre *les amours* au féminin est lourd de sens car, dans ce cas, s'impose une tension sexuelle. Littré écrit que « *amour* a été masculin et féminin dans les deux siècles derniers. Aujourd'hui il n'est susceptible de recevoir les deux genres que quand il signifie la passion d'un sexe pour l'autre ; ailleurs il est masculin ». Grevisse dit la même chose dans *Le Bon usage de la langue française* : « *Amour*, dans l'acception générale (affection profonde, personne aimée, attachement qu'on éprouve pour une chose), est masculin en tout temps. *Amour*, lorsqu'il signifie “passion d'un sexe pour l'autre”, “passions charnelles”, est masculin au singulier (ce n'est guère qu'en poésie qu'on le fait parfois féminin). Au pluriel, selon une règle traditionnelle, il est ordinairement féminin ; en réalité, l'usage n'est pas fixé et le pluriel d'*amour* est des deux genres. » À l'origine, venu du latin, *l'amour* est masculin, mais l'usage, littéraire ou dans la langue relevée, l'a féminisé. Ainsi, tout se dit : *amours filiales* et *amours filiaux* ; *amours maternels* et *amours maternelles* ; *amours enfantins* et *amours enfantine*s… Le sens que prend le mot change alors du tout au tout, de sublime il peut devenir un crime.

26. Écrire les nombres

Qui a peur de l'an mil ? Au Moyen Âge, pas grand monde, puisque cette terreur, comme Méduse, le Grand Méchant Loup ou le Croquemitaine, est un mythe qui a été construit tardivement, à la Renaissance. Si l'an *mil*, ou *mille*, fait trembler, c'est lorsqu'il s'agit de prendre la plume. Écrire les nombres est sans doute plus difficile que de les additionner, d'autant que plusieurs systèmes de calcul cohabitent en français. À l'écrit, *mille* peut faire peur, pire encore quand il s'agit de *deux mille* ou *trois mille cinq cents*, sauf à opter pour les chiffres. Pas d'inquiétude : dans tous les cas, *mille* est invariable. Il devient *mil* simplement pour les siècles, mais seulement entre 1001 et 1999, car *mil* n'est jamais multiplié.

Au généreux Moyen Âge il n'était pas rare de compter de vingt en vingt, soit d'utiliser un système vicésimal et non décimal. Ce système se retrouve dans certains noms propres, comme l'hôpital des Quinze-Vingts, c'est-à-dire des trois cents. Le système vicésimal est à l'origine d'une des bizarreries charmantes spécifiques à la France, *quatre-vingts*, *soixante-dix* et *quatre-vingt-dix* alors que les autres pays francophones se gobergent de majestueux *septante*, *octante* et *nonante*. Dans le même registre, notons l'exception française que sont les dates historiques telles que *quinze-cent-quinze*, *dix-sept-cent-quatre-vingt-neuf* toujours plus chics et historiques que *mille-cinq-cent-quinze* ou *mille-sept-cent-quatre-vingt-neuf*.

L'écriture des chiffres en toutes lettres, « au long » comme le disent les typographes, est aussi une peur millénaire et un roman bien français qui rappelle les premières années d'école, quand il fallait se rendre au tableau pour écrire la date. Soulagement d'être appelé – comme par l'armée ou par la foi ! – le 30 du mois. Les chiffres en lettres sont les sacrements scolaires de l'écriture : nous devons les confirmer à l'occasion de tous les actes officiels qui parcourent notre vie : livret de famille, carnet de santé, baptême, mariage, décès. Comme un modeste *1974* prend des allures de Mathusalem orthographique lorsqu'il est écrit *mille-neuf-cent-soixante-quatorze*, ou, plus impressionnant encore, *MCMLXXIV*.

Commençons par le plus simple, le trait d'union. Depuis mille-neuf-cent-quatre-vingt-dix, il se place entre chaque terme pour en faire non seulement un nombre entier, mais un mot à part entière, comme dans le vers de Rimbaud : « On n'est pas sérieux, quand on a dix-sept ans. » Il en va différemment des fractions qui, elles, ne prennent pas de tiret entre le numérateur et le dénominateur car il s'agit d'une opération. Pour nous mettre à l'aise, buvons un verre de mandarin-citron-curaçao à la César : « Tu mets d'abord un tiers de curaçao. Fais attention : un tout petit tiers. Bon. Maintenant, un tiers de citron. Un peu plus gros. Bon. Ensuite, un BON tiers de Picon. Regarde la couleur. Regarde comme c'est joli. Et à la fin, un GRAND tiers d'eau. Voilà. »

Voilà qui fait quatre tiers, sans tiret et avec l'arithmétique noyée dans un très grand verre, même si, comme César le souligne à Marius : « Imbécile, ça dépend de la grosseur des tiers ! » Après avoir bu, faisons les comptes.

Loin de l'arithmétique aride et intransigeante, les lois de l'écriture des nombres sont bien humaines. La plupart des chiffres sont invariables, à commencer par *mille* (ou *mil* selon l'ancienne orthographe), mais certains prennent un *s*. Pour *un*, pas de problème, il s'accorde. En revanche, *vingt* et *cent* ont un statut exceptionnel, puisqu'ils sont invariables sauf si les trois conditions suivantes sont remplies : ils sont le dernier chiffre du nombre, ils sont multipliés et n'indiquent pas le rang. Pour le résumer d'une phrase : *À la page deux-cent d'un livre de deux-cents pages, il est question d'une réunion politique dans les années quatre-vingt au Club des Cent*. Les chiffres écrits en lettres sont comme les hommes et traduisent notre rapport avec les lois : toujours honnêtes, toujours fidèles sauf lorsque l'exception confirme la règle.

27. Les mystères du X dévoilés

Pour étudier les lois du pluriel en français, il faut être autant grammairien que sociologue et historien. Penchons-nous sur le *s* et le *x* qui perturbent bien des esprits. Pour ce faire, revenons sans crainte à l'an mil, et même un peu avant, lorsque deux cas subsistaient en français, le cas sujet et le cas régime, celui qui servait à toutes les autres fonctions. Le cas régime est issu de l'accusatif pluriel latin, qui faisait que le mot se terminait en *-os*, *-as* ou *-us*, *-es*, bref toujours avec un *s*.

Aujourd'hui nous pestons ou nous nous effrayons, selon l'humeur, que nos enfants confondent la nature et la fonction des mots dans la phrase. Aux parents d'incriminer l'école, à l'école d'incriminer le ministère et au ministère d'incriminer le précédent ministère et de proposer de nouvelles réformes. Pourtant, la même cacophonie eut lieu durant des siècles, lorsque le *s* marquant la fonction du mot est devenu la marque du pluriel. En ce temps où tout était permis, il n'était pas rare d'écrire *chevaus* ou *chous*, *genous*, *hibous*, jusqu'à ce que des moines copistes se mettent, pour aller plus vite (sans doute pour terminer leur manuscrit avant l'an mil), à abréger les terminaisons *-aus* et *-ous* en *-ax* et *-ox*, ce qui ne manquait pas d'allure. Ce *x* n'était pas exactement la lettre de l'alphabet mais y ressemblait beaucoup, si bien que, dans les familles qui pouvaient offrir une éducation à leurs enfants, les apprentis lecteurs se demandaient pourquoi les bébés naissaient dans les *chox* et montaient sur leurs grands *chevax*. À leurs parents d'incriminer les moines, qui incriminaient leur ministère qui proposait de nouvelles réformes. Pour correspondre à la prononciation, le *u* a été réintroduit. Le *x* est resté. C'est ainsi que *chou*, *hibou*, *genou*, *pou*, *caillou*, *joujou* et *bijou* prennent un *x* au pluriel.

Pour s'en souvenir, il suffit de penser : « Viens mon chou, mon bijou, mon joujou, sur mes genoux, et jette des cailloux à ce hibou plein de poux. » Hélas, à cette invite, il n'est pas possible d'ajouter *minou*, les moines copistes ne les fréquentant pas, par vertu et surtout parce que le mot n'est entré dans la langue française qu'au XIXe siècle. Les caresses aux mignons minous se passeront donc de *x*. Idem pour tous les autres mots en *-ou* faisant leur pluriel en *-s*. Le plus étrange est que la même règle ne prévaut pas pour les mots en *-al* qui font leur pluriel majoritairement en *-aux*, sauf la liste poétiquement absurde de tous les mots en *-al* faisant leur pluriel en *-als* : un *aval*, un *bal*, un *cal*, un *carnaval*, un *chacal*, un *cérémonial*, un *festival*, un *final*, un *local*, un *pal*, un *piédestal*, un *récital*, un *régal*, *naval*, *choral*, *banal* et une centaine d'autres. À ces excentriques, ajoutons l'indolent *unau*, un joli paresseux des Tropiques ; le *landau*, qui vient de la ville de Landau ; et le *sarrau* confortable, qui préfèrent le *s* quand ils sont plusieurs.

28. *Peu*, *prou*, *beaucoup*, *moult*

Le pluriel en français est, convenons-en, assez désordonné et ressemble plus à un fourre-tout qu'à une boîte à outils bien rangée, mais il exprime notre manière d'être à plusieurs. Il nous donne les instruments pour voir la pluralité du monde, des lunettes *made in France*, dont certains composants viennent d'autres pays mais qui restent un ensemble propre à notre langue. Dénué ni de poésie, ni de grandeur, le pluriel « à la française » sculpte notre esprit. Il n'est pas qu'une question de nombre, il est aussi une question de style. Qui sait que chaque fois que nous employons *beaucoup*, nous saupoudrons nos mots d'un peu de beauté ? Pourtant, l'étymologie est on ne peut plus simple : *beaucoup*, c'est d'abord *un beau coup*, tellement beau qu'il mérite d'être recommencé. Nous sommes riches en mots et expressions pour dire le pluriel. Souvent désuets, ils jetteront un lustre suranné et poétique à vos propos. Verlaine s'en sert pour excuser ses vices : « Nous tuons le temps en buvant moult et en fumant prou. » *Prou* est un synonyme de *beaucoup*. Il vient du même mot que celui qui a donné *profit*, peu ou prou. « Buvez : bon prou vous fasse », souhaite le seigneur à son paysan au *Pays* de La Fontaine. *Moult* signifie aussi *beaucoup* et offre l'avantage d'être employé tantôt comme adverbe, tantôt comme adjectif, ce qui est bien commode pour limiter les fautes d'orthographe. Littré aurait-il eu des problèmes avec les *s* ? Il regrette la disparition de *moult*, prenant la peine d'ajouter une remarque à son *Dictionnaire* : « Il est malheureux qu'on ait perdu ce mot, qui est si préférable à *beaucoup*. » *Moult* est un mot très coriace puisqu'il est sorti du vocabulaire courant au XVIe siècle et survit avec la mention « archaïque » depuis cinq cents ans.

Chaque mot a son pouvoir d'évocation : *moult* a un côté rondouillard et médiéval bien sympathique, mais guère sexy. En revanche, *maint*, lui, s'emploie davantage comme adjectif et il est un très beau mot, qui appelle l'amour : *maintes beautés*, *maintes mains* pour donner *maintes caresses*. Comme *many* en anglais, avec lequel il partage la même racine, il s'emploie pour les réalités qui peuvent être comptées. Il y a aussi le très joli *à foison*, la foison désignant l'abondance et l'étonnant ; *à tire-larigot* dont le drôle de larigot interroge. Il désigne une flûte bucolique, puis une flûte à boire. Chez Rabelais, on boit d'une traite, à tire-larigot, puis l'expression se généralise si bien que nous pouvons tout faire *à tire-larigot*. Dans tous les cas, les mots employés après *moult*, *à foison*, *à tire-larigot*, *prou*, *beaucoup*, *moult*, prennent les marques du pluriel.

29. *Aucun grammairien ou aucuns grammairiens ?*

Aucun grammairien n'est jamais du même avis ! Ici, *aucun* est un pronom indéfini qui a le sens de « pas un seul » : il reste donc au singulier. Le bonheur de la grammaire étant celui des exceptions, il se met au pluriel quand il accompagne un mot qui n'a pas de singulier : *aucuns frais*. Il prend aussi un *s* quand il a le sens de *quelques-uns*, de *plusieurs* : d'aucuns diront que notre belle grammaire a mauvais caractère.

Un grammairien est un savant qui s'adonne à étudier voire à fixer les règles d'une langue. Nous l'imaginons dans son bureau, les étagères couvertes de grimoires, étudiant les textes à la loupe dans le calme absolu. Parfois, il quitte son antre pour retrouver quelques-uns de ses semblables, d'aucuns étant académiciens. Ils discutent sagement des règles de la langue, de sa syntaxe, de sa beauté. En réalité, les grammairiens sont querelleurs et bagarreurs, rivaux : puisqu'il n'y a qu'une langue et plusieurs amoureux, la jalousie pointe à tout propos. Ils sont rarement d'accord et non d'*accords*, car l'accord ne se fait pas ici. En 1874, Julien Tell, un linguiste, fait paraître *Les Grammairiens français*, ouvrage dans lequel il propose une galerie de portraits des grands artistes de l'art de la langue. Dès la préface, il y évoque les divisions :

Si beaucoup d'auteurs de talent ne sont pas arrivés à éclairer complètement le Public, c'est que souvent ils ont voulu faire prévaloir le système qui leur était propre. J'ai suivi une autre marche : j'ai bien, comme tout le monde, mon système à moi ; mais je l'ai mis à l'écart, afin de pouvoir librement parler de tous les autres systèmes, de toutes les idées, de toutes les méthodes, de tous les principes.

Il en est ainsi des grammairiens : ils ont chacun leur petite méthode, leur approche de la question. Parfois abscons avec leur vocabulaire propre, ces débats demeurent passionnants. Les polémiques sont nombreuses. C'est le cas en 1847, quand Prosper Poitevin, grammairien, attaque son collègue Charles-Pierre Chapsal : les deux hommes publient au même moment des ouvrages sur les difficultés de la langue. Quand il est question de livres, la concurrence des grammairiens n'a d'égal que celle des éditeurs. Poitevin lance l'attaque par un libelle ayant pour titre *La Vérité, rien que la vérité*. Il insinue que Chapsal est un imposteur qui martyrise la langue. L'accusé réagit aussitôt dans *Une simple réponse* :

M. Poitevin pouvait se tenir pour battu : il semblait qu'*un homme sensé* dût en rester là. La chose était bien claire, il avait fait une concurrence sans en avoir le droit ; on lui accordait le temps nécessaire pour *écouler sa publication* illégale : à quoi bon engager un nouveau combat dont le résultat ne *saurait* être douteux ?

La réaction de Poitevin est immédiate avec un petit texte acide, intitulé *Lettre à tous* :

Écouler une publication n'est admis qu'en style de boutique ; M. Chapsal, qui est moins homme de lettres que marchand, peut, à la rigueur, se permettre de pareilles expressions ; nous le renvoyons toutefois à son dictionnaire. *Saurait* employé ici pour *pouvait*, est une faute ; l'auteur a voulu dire évidemment que *le résultat ne pouvait être douteux pour M. Poitevin*, mais il ne l'a pas dit ou il l'a mal dit, ce qui revient au même.

Les critiques de Poitevin contre Chapsal sont vives, cinglantes :

> Peut-on, en effet, se poser comme auteur d'un dictionnaire français quelconque, lorsqu'en dix pages on est capable de donner à vingt mots une valeur opposée à leur valeur propre et de les détourner violemment de leur véritable acception ; lorsqu'on se permet les alliances de termes les plus monstrueuses, et qu'on ignore qu'il y a, comme le dit Voltaire, des mots *qui hurlent de se trouver ensemble*. Peut-on se dire, non pas grammairien, mais seulement auteur de la plus mauvaise grammaire, lorsqu'en dix pages on est capable d'accumuler les unes sur les autres des fautes qui attestent la plus complète ignorance des premières règles et des lois du langage les plus vulgaires ? Non, mille fois non. Eh bien ! c'est là ce que vient de faire M. Chapsal.

Les grammairiens ne sont pas tendres entre eux, surtout lorsqu'il s'agit de respecter les règles de l'art. En 1847, la guéguerre entre Poitevin et Chapsal passe par des écrits. Chapsal est-il mauvais grammairien ? Loin s'en faut, puisqu'il bénéficie du soutien de Bescherelle. De plus, comment pourrait-il être une nullité puisque Poitevin, de mauvaise foi, l'accuse de ne pas être l'auteur de ses livres :

> Nous étions donc fondé, en raison et en fait, à dire que M. Chapsal n'était pas l'auteur de ses livres. M. Chapsal a

> tenu à prouver le contraire ; pour la première fois de sa vie il a pris la plume.

Quand il étudie *Les Grammairiens*, Julien Tell considère que Poitevin « n'a pas donné une haute idée de la dignité des lexicographes, qui devraient s'entendre et non se déchirer les uns les autres ». Cette entente est-elle envisageable ? Julien Tell est sceptique :

> Les uns veulent nous donner pour principe absolu : la Nature. Les autres répondent que le principe réel des langues est dans l'Idéologie. Ceux-ci placent ainsi leur principe : la véritable base dans l'étude des langues, c'est l'Étymologie. Ceux-là ripostent : la première étude à laquelle on doive se livrer, c'est le Génie. D'autres encore, s'écrient : vous ne comprenez pas : la base fondamentale pour le Français, c'est le Mécanisme, l'Euphonie, la Prosodie, le Bon sens… Comment veut-on que le Public puisse se reconnaître dans ce dédale de principes opposés, s'il n'a pas sous les yeux les débats de ce grand procès ?

Nombreux sont les amoureux de la langue. Aucun n'a envie de laisser sa place et d'aucuns la voudraient pour eux seuls. La grammaire que nous avons apprise à l'école n'est pas celle enseignée à nos parents, qui n'était elle-même pas celle de nos grands-parents. Elle est encore différente de celle de nos enfants. Les mots de la grammaire permettent d'identifier une génération : nos ancêtres du *prédicat*, les anciens du *COD*, et la jeune génération du *complément détaché.*

30. Syllepse et mots composés

Après les expressions comme *la plupart*, *nombre de* et *quantité de*, il n'est pas rare d'hésiter sur la nécessité d'employer le pluriel : la plupart des invités *est arrivée* ou *sont arrivés* ? Les deux sont possibles : dans le premier cas, l'accord est grammatical et dans le second il est selon le sens. Quand l'accord varie selon le sens que l'on souhaite donner à la phrase, il est question de syllepse, que Grevisse définit du bout des doigts comme un procédé et non une règle. Il consiste « à faire l'accord d'un mot, non avec le mot auquel il se rapporte selon les règles grammaticales, mais avec le mot qu'on a dans l'idée ou, si l'on veut, avec la réalité sous-jacente ». Les puristes préfèrent la syllepse, mais d'autres puristes préfèrent l'accord grammatical. Il en va de même avec le pluriel des mots composés, pomme de discorde des auteurs de dictionnaire. L'exemple par excellence est *casse-tête*, et bien nommé car au pluriel il peut s'écrire *casse-tête* ou *casse-têtes*. En théorie tout est simple, seuls les mots qui varient en genre et en nombre, les noms et les adjectifs, s'accordent lorsqu'ils sont composés, verbes et adverbes demeurant invariables. Ainsi nous avons beau en avoir plusieurs, nous aurons toujours des *laissez-passer* ou des *tire-bouchons*. L'esprit est diabolique : qui ne s'est pas demandé combien de têtes sont cassées avec plusieurs casse-têtes ? Est-ce qu'il faut écrire des *nouveau-nés* ou bien des *nouveaux-nés* sachant que le féminin est *nouveau-née* ?

31. Célibataires ou en couple

Il y a des réalités que nous ne voyons qu'au pluriel – chaque langue a les siennes – comme les *victuailles*, les *fiançailles*, mais aussi les *funérailles*, les *gens*, les *ténèbres*, les *préparatifs* ou les *rillettes* : tristesse de la lugubre rillette solitaire ! D'autres mots n'existent que seuls, comme *cérémonial*, ou changent de sens lorsqu'ils sont plusieurs comme *gage*, *frais* ou *vacance* (voir le point 23). Il y a ceux aussi qui, prudents, préfèrent le calme de l'invariabilité – *puits*, *succès*, *excès*, *français*, *anglais*, *japonais*, *printemps*, *tant*, *mois*, *noix*, *raz* – et ceux qui ont plusieurs pluriels selon leur sens : aux *cieux idéaux* de la philosophie répondent les *ciels idéals* de la peinture, aux *mystérieux yeux de chat* répondent les *œils-de-chat* que s'échangent les enfants quand ils jouent aux billes. Il y a ceux qui sont trop nobles, ou jaloux, pour endurer le pluriel : nombre de chevaliers ont trouvé le Graal, mais ils n'ont pas rassemblé en un trésor tous leurs *graaux* !

32. L'adjectif qualificatif

Les adjectifs virevoltent autour du mot, du nom, du sujet, autrement dit du substantif : « Il n'y a dans la nature que des *objets* et des *qualités* ; par conséquent, il n'y a dans le discours que des *substantifs* représentant les objets, et des *adjectifs* représentant leurs qualités. En *grammaire*, on peut bien admettre dix espèces de mots ; mais en *logique*, ces dix espèces de mots se réduisent réellement à deux, des *signes d'objets* et des *signes de qualités* », explique Bescherelle dans son *Cours complet de langue française* en 1850. Bescherelle, mais lequel ? Pour maîtriser la grammaire française, deux Bescherelle sont nécessaires : le jeune et l'aîné. Henri-Honoré est le *jeune*, Louis-Nicolas est l'aîné, adjectif plus élégant que *vieux*. L'un et l'autre sont lexicographes et grammairiens. Le plus âgé naît en 1802, son cadet en 1804, et ils publient un nombre considérable de dictionnaires et d'ouvrages de grammaire qui deviennent des références. Liés par le sang et par la langue, ils meurent tous les deux à un âge avancé, en 1883, à quelques jours d'écart. L'adjectif s'accorde en genre et en nombre avec le nom qu'il qualifie : *jeune* ou *aîné* sont des adjectifs nécessaires pour des grammairiens de qualité, au nombre de deux, le sublime du genre.

L'adjectif qualificatif peut être épithète ou attribut du sujet. S'il est épithète, il est constitutif du groupe nominal : *Le magnifique amour que nous partageons.* S'il est attribut du sujet, il complète le groupe verbal : *Cet amour est magnifique.* Épithète, l'adjectif peut être supprimé sans nuire à nos sentiments : *L'amour que nous partageons.* Attribut, il est indispensable : *Cet amour est.* Voilà sans doute pourquoi, dans son *Manuel théorique et pratique des synonymes français* en 1864, Bescherelle le jeune écrit : « L'*adjectif* est nécessaire pour compléter le sens de la proposition ; l'*épithète* n'est souvent qu'utile ; elle sert à l'agrément, à l'énergie du discours. L'*adjectif* appartient à la grammaire et à la logique ; l'*épithète* appartient à la poésie et à l'éloquence. » Que serait notre langue sans épithète, poésie et éloquence ?

33. Une grand-mère accompagnée d'une autre en font deux

Quand le français est notre langue maternelle, l'amour de la langue vient de notre mère, qui elle-même la tient de sa mère, notre grand-mère. Elle est douce quand elle est seule, mais elles deviennent terribles quand elles se réunissent à plusieurs : des *grands-mères* ? des *grand-mères* ?

Une évidence saute aux yeux : notre grand-mère n'est pas grande, sans qu'elle soit forcément de petite taille. Bien qu'elle ne soit pas un homme, grand-maman est *grand*, tout comme sa sœur qui est notre *grand-tante*. L'usage et une certaine érudition étymologique expliquent que des mots féminins soient grands : *grand-chose*, *grand-soif*, et donc *grand-mère*, car cet adjectif vient de *grandis* en latin, dont la déclinaison au féminin est *grandis*. Nous en sortons grandis. L'usage permit longtemps d'écrire grand'mère, comme s'il s'agissait de l'élision du *e*. En 1932, l'Académie française impose le trait d'union et permet d'écrire : *grands-mères*. Que l'on se rassure, *grand-mères* est également accepté. Dans le doute, appelons-les *mémés*, *mémères* ou *mamies*.

34. L'adjectif adverbial

Le nom et l'adjectif forment un couple soudé. Parfois, certains adjectifs partent vivre l'aventure, ils se séparent du nom. Leur passion a été *brisée net* ou *brisée nette* ? Sans toi, l'existence sonne-t-elle *creux* ou bien sonne-t-elle *creuse* ? Brisons net le débat. Dans ce cas, ces adjectifs ont pris une forme adverbiale et ils sont devenus invariables : quand la passion est brisée net, l'existence sonne creux, de quoi ouvrir grand les yeux. Ici encore, la langue française recèle de superbes subtilités, selon le sens que l'on souhaite donner à la phrase. Ainsi, l'usage veut que l'on dise *les bras grands ouverts*. La grammaire pèse lourd, mais elle est fort utile, même lorsque parfois notre cervelle est hachée menu.

35. Homonymes, homophones, homographes

Chausse-trappe ou *chausse-trape*, les deux orthographes étant acceptées, le dictionnaire nous épargne un piège de la grammaire. Notre langue regorge toutefois d'authentiques chausses-trappes : les homonymes, mots identiques qui ont un sens différent. Ils se partagent en homophones – qui se prononcent de la même manière – et en homographes – qui s'écrivent pareil. Nous ne savons plus à quel sein nous vouer… à moins qu'il ne s'agisse d'un *saint*, *cinq*, *sain*, *seing*. *Là* se trouve *la* source de nombreux tracas *quand* le doute s'installe *quant* à savoir ce qu'il faut écrire. *Quelle que* soit notre maîtrise de la langue, avouons avoir toujours *quelques* hésitations. *Sans* aide, il est difficile de *s'en* sortir, *c'en* est assez ! Afin de rester fidèles à l'idée que nous souhaitons exprimer, il suffit de remplacer dans notre tête, avant d'écrire, le mot problématique par un autre. *Sans* se substitue par *en l'absence* ; *s'en* correspond à un autre pronom (*m'en*, *t'en*, *nous en*) ; *c'en* se transforme en *cela*. *En l'absence* d'aide, il est difficile de *nous en* sortir, *cela* est la source de nombreux tracas. Au plus *près* de la règle, nous sommes *prêts* pour jouer aux homophones ! En 1883, paraît un ouvrage intitulé *Jeux d'esprit : récréations des familles* dans lequel quelques énigmes sont construites avec des homophones :

Je suis un nombre respectable ;
Puis encor préposition ;
Généreux, noble obscur ou méprisable,
Je me transmets par génération
En circulant j'anime votre vie ;
Je me prodigue à la patrie ;
Mais dès qu'en lui je suis glacé,
L'homme est aussitôt terrassé.
On m'appelle *commun*, et, chose assez bizarre,
Je suis alors ce qu'on voit de plus rare !

Les mots de l'énigme sont au nombre de quatre : *cent*, *sans*, *sang*, *sens*. La grammaire et l'orthographe permettent des jeux dont les règles elles-mêmes sont ludiques. Parfois, le jeu devient poésie quand les phrases homophones sont versifiées, avec par exemple Alphonse Allais :

Par les bois du djinn où s'entasse de l'effroi,
Parle et bois du gin, ou cent tasses de lait froid.

Les homographes, eux, proposent un jeu cérébral, dangereux même si tu *as* un *as*. Méfions-nous des *portions* que nous *portions*, des *relations* que nous *relations* et, surtout, des poules qui *couvent* au *couvent*.

Le nom est-il le propre d'une langue ? Non. Quand il est esseulé, il ne peut exprimer ce qu'il est, ce qu'il a été ou ce qu'il va devenir. Le nom, pour faire naître la phrase, a besoin de s'accoupler avec le verbe.

III

VERBE ET CONJUGAISON

36. Le verbe, comment l'introduire

Dans la Bible, au commencement était le Verbe, la parole de Dieu ; dans la grammaire française, le verbe lui aussi est divin, mystérieux, créateur et puissant. Il rend les grammairiens philosophes et les philosophes grammairiens puisque, depuis Platon et Aristote, les définitions s'opposent surtout lorsqu'elles tentent de répondre à la Grande Question : qu'est-ce qui vint en premier, le nom ou le verbe ? Entre nommer et agir, il faut choisir. La grammaire française a choisi : l'étude du nom vient avant celle du verbe, le vocabulaire avant la conjugaison, l'étude du verbe en français est au niveau supérieur. À l'école, il faut avoir passé sous les fourches caudines du nom pour y être initié. Sacré, le verbe est également divinement français.

> Les estrangiers tiennent communément qu'il y a assez de difficulté à bien sçavoir nos verbes. Il est vray, mais s'ils veulent me croire, ie leur faciliteray le chemin. Qu'ils aprennent premièrement bien par cœur, couramment & seurement les exemples que ie proposeray entiers. Puis qu'ils s'appliquent à y reduire & rapporter tous les autres, par les reigles que ie bailleray, de la deduction & formation des temps & personnes. J'ay maintefois esprouvé en mes escoliers que ce soin n'est que de douze ou quinze jours, qui est peu.

En 1625, dans *Grammaire et syntaxe françoise*, Charles Maupas compatit avec ceux qui souhaitent apprendre et comprendre les subtilités de la conjugaison française. Notre langue compte environ 12 300 verbes selon Bescherelle. 12 300 mots pour dire « soit l'action faite ou subie par le sujet, soit l'existence ou l'état du sujet, soit l'union de l'attribut au sujet », selon la définition qu'en donne Grevisse. Après les auxiliaires, les verbes *faire*, *dire* et *pouvoir* sont les plus répandus. Ils dessinent notre univers, notre champ d'action dans lequel *aimer* arrive en bonne place.

Le verbe est le support essentiel de la phrase : il peut y avoir une phrase sans nom : *Aime !* Rarement, la phrase se passe de verbe : *Ah bon ? Ça alors !* Toutefois, à l'immense majorité, il ne peut y avoir de phrase syntaxiquement correcte sans verbe. Cheville ouvrière, le verbe est l'Atlas qui porte sur ses épaules l'entièreté de la phase, parfois grande comme un mini-monde. Pour l'Académie française, il est le roi des mots :

> Le verbe est le mot essentiel de la langue. Tantôt il exprime une action faite ou supportée par le sujet. Tantôt il sert, suivi d'un nom, d'un adjectif ou d'un groupe de mots, à exprimer un état, une manière d'être attribuée au sujet.

La richesse du verbe est assurément l'une des particularités de la langue française, ce qui non seulement la distingue de toutes les autres, mais l'a rendue supérieure aux langues nobles que sont le latin et le grec. En 1572, dans sa *Grammaire*, Ramus (Pierre de la Ramée) s'exclame :

> Que l'on nous reproche maintenant que notre langue est pauvre a cause des verbes, sera ce pourtant qu'une

> parolle confuse nous en avons douze en plus diserte facon que ny le grec ny le latin ne scauroit exprimer.

Cette émotion tient à deux mots que nous utilisons tous les jours et auxquels nous ne prêtons plus guère attention : il s'agit des auxiliaires *être* et *avoir*. « Auxiliaires » signifie littéralement des « aides », ils s'associent aux autres verbes pour créer des temps et des modes. S'ils nous donnent du fil à retordre lorsqu'il s'agit d'accorder les participes passés, ils sont nos alliés pour donner au français une palette verbale plus riche que dans bien des langues (voir le point 43 sur l'accord du participe passé).

37. Verbes transitifs et intransitifs

Il est des verbes accueillants et d'autres qui le sont moins. Il est des verbes sociables et d'autres misanthropes. Les plus généreux sont les verbes transitifs, qui sont transis de plaisir à l'idée de se mettre en couple avec un complément d'objet. Le verbe *aimer*, par exemple, est transitif : *J'aime la langue française.* J'aime quoi ? La langue française. De même que *rappeler* : souvenons-nous-en et rappelons-le autour de nous !

En 1869, *Le Progrès, journal de l'éducation populaire*, publié par la Société centrale des instituteurs belges, propose une méthode simple pour identifier un verbe transitif, avec pour exemple la phrase *Le petit lapin broute le serpolet* : « Il y a là évidemment une action. Quelle est cette action ? (C'est l'action de brouter.) Par quel mot est représentée cette action ? Cette action est représentée par le mot *broute.* » Le journal précise : « Qu'est-ce que le verbe transitif ? Le verbe transitif marque une action transmise directement d'un être (personne ou chose) à un autre. » Pour aller plus loin, il est même possible de transposer les termes de la phrase : *Le petit lapin broute le serpolet. Le serpolet est brouté par le petit lapin.*

Si le verbe transitif accepte un COD (complément d'objet direct), il est transitif direct : *J'ouvre mon cœur.* J'ouvre quoi ? Mon cœur. Cet organe palpitant d'amour est bien un complément d'objet direct. Si le verbe transitif accepte un COI (complément d'objet indirect), il est transitif indirect : *J'ouvre à la voisine.* J'ouvre à qui ? À la voisine. Cette jeune femme charmante est bien un complément d'objet indirect.

Les verbes intransitifs, eux, sont intransigeants et ils ne supportent pas de complément d'objet. C'est le cas du verbe *aller* : quand Serge Gainsbourg explique à Jane Birkin « Je vais et je viens entre tes reins », « entre tes reins » est un simple complément circonstanciel de lieu. La souplesse de notre langue permet à certains verbes d'être parfois transitifs et parfois intransitifs. Les frontières ne sont pas si hermétiques et certains transitifs se débrouillent très bien tout seuls : *J'aime !* Ces verbes transitifs, parfois intransitifs, sont appelés par certains puristes des « verbes labiles ». Inutile de se faire de la bile, cela signifie qu'ils sont changeants.

38. Comment placer le verbe

Le verbe se place généralement au centre de la phrase : avant le sujet et après le complément ou prédicat. Il est pour ainsi dire le cœur de la phrase, ce qui permet à une phrase de s'animer, à un sujet de s'exprimer, à une pensée de s'incarner. Dans ses *Paradis artificiels*, Charles Baudelaire insiste sur la magie qui s'opère quand sont mélangés les différents ingrédients de la phrase : « La grammaire, l'aride grammaire elle-même, devient quelque chose comme une sorcellerie évocatoire ; les mots ressuscitent revêtus de chair et d'os, le substantif, dans sa majesté substantielle, l'adjectif, vêtement transparent qui l'habille et le colore comme un glacis, et le verbe, ange du mouvement, qui donne le branle à la phrase. » Ange ou démon, qu'importe ! le verbe demeure puissant, mystérieux, parfois inaccessible : donnant la vie à la phrase et la voix à un sujet, il est divin.

39. Comment conjuguer

Le verbe est divin mais il est également diabolique : que celui qui n'a jamais péché sur la conjugaison des verbes *bouillir*, *craindre*, *peindre, savoir* ou même *pouvoir* jette la première pierre !

Les étymologies ont pour mission de révéler la vérité des mots : *étymologie* vient de l'adjectif grec ἔτυμος signifiant *véritable*. Elle les déshabille des préfixes et des suffixes, du contexte et des champs sémantiques. Une fois nus, ils ne portent plus les marques du temps. Conjuguer, étymologiquement, c'est marier : *conjugatio* en latin désigne une union charnelle. Le ou la *conjux*, l'époux et l'épouse, ont laissé leur trace dans l'abominable *conjoint* : non que tous les conjoints soient abominables, mais le mot, comme le *concubin*, a une ambiguïté apte à alimenter bien des propos perfides. La même étymologie nous sert à choisir un compagnon « pour la vie » ou « pour une vie », jusqu'à la prochaine. De même que se marier, c'est épouser un individu mais aussi son histoire, conjuguer c'est donc unir, marier un verbe à une terminaison, à un temps et à une personne.

De quel mariage, pour le meilleur et pour le pire, s'agit-il ? De l'union formelle entre le radical et la terminaison. La grammaire étant très permissive, elle tolère avec le plus grand naturel qu'un même radical s'acoquine avec une ribambelle de terminaisons. Quant aux terminaisons, sauf antipathie épidermique nécessitant de part et d'autre quelques aménagements tels que le doublement de la consonne, l'ajout ou la disparition d'une voyelle, elles sont faites pour convoler avec n'importe quel verbe.

Le quotidien, le temps, apportent leur lot de déconvenues, d'habitudes mais aussi de changements : les vieux époux se ressemblent, se métamorphosent, s'adaptent mutuellement l'un à l'autre, finissent par se ressembler, accrochés comme le lierre à sa branche. Ainsi les verbes en se conjuguant se transforment. Parmi tous nos verbes, 570 sont irréguliers, deux fois moins qu'en allemand (une autre langue verbale) qui contient plus de mille « verbes forts ». Par point de comparaison, l'espagnol n'en a que 46, l'anglais 280, le russe une dizaine et le turc aucun. Ils sont souvent les plus fréquents, soit qu'ils se soient usés, modelés parce que souvent employés, soit au contraire parce que leur sens indispensable leur a permis de résister quoique biscornus.

Quand nous apprenons nos règles de conjugaison, nous constatons surtout des irrégularités et c'est encore une bonne raison d'être amoureux de nos verbes. Quelqu'un nous plaît pour ses qualités, sa beauté régulière, mais dès que nous sommes fascinés par un léger défaut, un sourcil plus relevé que l'autre, un mouvement nerveux des mâchoires ou un grain de beauté sur le bout du nez ou à la naissance du cou, c'est là que nous sommes réellement amoureux.

40. Pourquoi trois groupes verbaux ?

Avant la Révolution, les verbes étaient répartis en ordres, dont le nombre fluctuait de deux à cinq, selon les grammaires. Les verbes pouvaient être divisés en deux ordres, réguliers et irréguliers, autrement dit entre verbes « vivants », aptes à servir de modèles pour conjuguer d'autres verbes, et verbes « archaïques » qui eux ne sont imités par personne. La division en quatre groupes a été la plus fréquente jusqu'à la fin du XIXe siècle. En 1854, dans leur *Grammaire nationale*, Bescherelle senior et junior énumèrent ces quatre groupes : « En *er* comme chanter ; en *ir* comme punir ; en *oir*, comme recevoir ; et en *re*, comme rendre. » Ils précisent que « conjuguer un verbe, c'est le faire passer par tous les accidents de nombres, de personnes, de modes et de temps ». La simplification en trois groupes (*er*, *ir* réguliers et tous les autres) est une volonté personnelle de Jules Ferry. Elle est formalisée par un arrêté ministériel de 1910 et seulement adoptée par l'Académie française dans les années 1930.

Aimer, *finir*, *ouvrir* : les trois modèles servant à chaque groupe racontent à eux seuls une vie sentimentale. Tomber amoureux, finir une histoire puis ouvrir son cœur à une autre histoire, notre grammaire est sexy mais aussi réaliste et bienveillante : le verbe le plus simple à conjuguer est celui des débuts, de l'amour qui naît. Lorsqu'il s'agit d'en finir, mieux vaut y réfléchir à deux fois et bien connaître sa conjugaison pour rompre correctement, sous peine de laisser place à la discussion toujours pénible en ces circonstances. Quant à s'ouvrir à quelqu'un, cela est plus difficile qu'il n'y paraît, à fortiori ouvrir son cœur.

41. *Baiser* à bon escient

Le dauphin, futur Louis XIII, n'est qu'un enfant quand il susurre à l'oreille d'une dame : « Ah ! Baise-moi, ma belle ! » Le royal bambin paraît bien précoce, ce qui est concevable puisque la majorité du roi est alors fixée à quatorze ans, bien avant tous les autres enfants. Le dauphin adresse cette supplique à « doundoun », sa nourrice. Le petit prince a en tête une chansonnette de la seconde moitié du XVIe siècle :

> Baisons-nous, belle, cependant
> Que se présente le loisir,
> Et puis que nous entr'aimons tant
> Jouissons de notre désir.

Baiser, au XVIe siècle, c'est embrasser, appliquer ses lèvres sur une partie du corps de quelqu'un ou simplement accorder une accolade. Pour un bisou plus sensuel, l'expression était : *Baiser quelqu'un en la bouche*. *Baiser* est un verbe transitif, il accepte donc un complément d'objet. Les plus prudes ou les plus preux baiseront les plis d'une robe, une main, une relique, un objet ou simplement la terre. Tout est baisable, il faut juste y mettre du cœur.

Il est donc possible de baiser de manière chaste, pour marquer le respect, pour présenter ses hommages ou sa vénération. Dans la gamme du rapport amoureux, le baiser devient charnel, lorsque la langue s'en mêle. Souvent, il y a confusion, comme dans la *Chanson nouvelle d'un amant accomplissant son désir avec la dame*, une gentille ritournelle du XVIe siècle, où « sus » doit être compris au sens de « se précipiter sur » :

Sus donc, m'amour, rebaisons-nous,
Recommençons ce combat doux,
Qui nous fait sans tourment
Mourir si doucement.

Au XVIe siècle, le grand Ronsard, poète de l'amour, cueille la rose et les baisers quand il s'amuse du verbe *baiser* :

Maîtresse, embrasse-moi, baise-moi, serre-moi,
Haleine contre haleine, échauffe-moi la vie,
Mille et mille baisers donne-moi je te prie,
Amour veut tout sans nombre, amour n'a point de loi.
Baise et rebaise-moi ; belle bouche pourquoi
Te gardes-tu là-bas, quand tu seras blêmie,
À baiser (de Pluton ou la femme ou l'amie),
N'ayant plus ni couleur, ni rien semblable à toi ?

Dans la quatrième édition du *Dictionnaire de l'Académie française*, en 1762, *baiser* conserve son sens innocent : « Appliquer sa bouche ou sa joue sur le visage ou sur la main de quelqu'un, par amitié, par amour, par civilité, par respect. » Ce dictionnaire précise même que l'« on dit figurément de certaines choses, qu'*Elles se baisent*, pour dire, qu'elles se touchent, qu'elles se joignent. *Des pains qui se baisent dans le four. Il n'a à son feu que deux tisons qui se baisent* ».

Tout en ayant le sens d'*embrasser*, le verbe *baiser* évoque aussi l'amour charnel, avoir des rapports sexuels, un sens qui aujourd'hui a pris le dessus. Plusieurs siècles sont passés et le verbe *baiser* a évolué depuis « baise-moi », que le jeune dauphin chantonnait à sa nounou, à *Baise-moi*, que Virginie Despentes choisit comme titre pour son roman au texte explicite en 1994. L'argot se mêle à la partie et joue avec ce verbe transitif : *se faire baiser*, c'est avoir une relation sexuelle, mais c'est également être dupé, trompé, volé. Judas baise Jésus. L'inverse est vrai aussi : Jésus s'est fait baiser par Judas.

42. Le participe présent

Il est rond, il est bonhomme : le participe présent. Il peut tantôt se conduire comme un verbe et tantôt comme un nom, il est sans complexe, il s'habille autant chez les verbes que chez les substantifs. Notre grammaire est bien moins normative que certaines de nos catégories mentales et, si elle est puriste, elle n'est pas puritaine.

Il ne demande qu'une chose : être toujours dans la note, c'est-à-dire bien accordé. « Le participe *présent* marque une action transitoire, et il est invariable. Lorsque le participe présent marque un état habituel, une qualité, il devient *adjectif verbal*, et il varie comme l'adjectif », explique le *Traité des participes* en 1851 de l'abbé Mallet. Ainsi, le participe présent est invariable quand il marque une action : *une femme aimant les femmes*, *de jeunes gens dormant ensemble*... Il s'accorde avec le nom quand il est adjectif verbal : *une femme aimante*, *des amants obligeants*... Quand le participe présent est précédé de *en*, il est considéré comme un verbe et ne s'accorde donc pas : *En entrant, nous croisons des personnes qui s'amusent en travaillant*...

43. Le participe passé

Sa seule évocation provoque des frissons. Terreur des enfants, angoisse des parents, désarroi des enseignants, il est le croque-mitaine de la grammaire. Attention, voici que s'approche à pas lents l'accord du participe passé. De prime abord, quand il est épithète, le participe passé est simple et bonhomme. Il s'accorde en genre et en nombre avec le nom : *des baisers enflammés*, *des caresses échangées*... Il demeure bon enfant quand il est employé avec le verbe *être*, car il s'accorde avec le sujet : *Ses baisers étaient enflammés.* L'accord est fondamental pour qu'une relation dure. Il est essentiel dans la phrase sous peine de changer le propos.

Prenons un exemple : *Je regarde cette fille siffler à la terrasse du café.* Tout de suite, nous imaginons une terrasse au soleil, un platane, une petite fontaine. Le visage épanoui, elle attend son amoureux, elle semble heureuse. La preuve, elle sifflote. Maintenant, prenons la même phrase et changeons l'accord : *Je regarde cette fille sifflée à la terrasse du café.* Tout le décor est modifié. Le soleil devient cru et le café sordide, la jeune femme est importunée, elle est sifflée par un malotru.

La chimie maléfique s'opère quand entre en scène l'auxiliaire *avoir.* Le participe passé s'accorde avec le complément d'objet direct, mais seulement quand cet objet est placé avant le verbe : *Nous avons échangé des caresses... Ces caresses que nous avons échangées...*

Tant que la grammaire n'était pas codifiée, il était aisé de jouer avec les mots et de construire des phrases sans se soucier des règles académiques. Au XVIe siècle, parmi les régalades de la langue auxquelles se livrent les poètes de la Renaissance, Clément Marot souhaite imposer l'accord particulier du participe passé avec le verbe *avoir*, mais en rimes riches :

> Enfans, oyez une leçon :
> Notre Langue a cette façon,
> Que le terme qui va devant
> Volontiers régit le suivant.
> Les vieux exemples je suivrai.
> Il faut dire en termes parfaits :
> Dieu en ce monde nous a *faits*.
> Faut dire en paroles parfaites :
> Dieux en ce monde les a *faites*.

L'italien était alors la langue de référence et Clément Marot avait passé les Alpes. Le malicieux Voltaire, deux siècles plus tard, juge que « Clément Marot a ramené deux choses d'Italie : la vérole et l'accord du participe passé. Je pense que c'est le deuxième qui a fait le plus de ravages ! » Depuis, il est la terreur des instituteurs et des précepteurs.

En 1837, Louis-François Raban et Prosper Mars font paraître *Les Cuisinières*, un roman ironiquement sous-titré *Macédoine en deux volumes*. Voici Monsieur Gribois pédagogue auprès d'une charmante jeune fille, Françoise Montant, et « notre savant offrit à la belle Françoise de *lui montrer sa langue* ». Sans doute avec quelques idées derrière la tête, il s'échine à lui apprendre à conjuguer :

> En peu de temps l'élève fit des progrès rapides : elle comprenait avec une facilité extraordinaire, excepté pourtant les participes auxquels elle n'entendait rien du tout. En vain M. Gribois lui répétait-il à chaque leçon que le participe passé se formait du participe présent en changeant *ant* en *é, ée*.

— Par exemple, disait le maître, *jetant* fait *jeté*, *jetée*, de même que *montant* fait *monté*, *montée*.

— Comment, monsieur, mon nom est un participe présent ?

— Oui, ma belle enfant, et nous en ferons un participe passé quand vous voudrez.

M. Gribois devient pour l'occasion grammairien et il est si charmé de la docilité de son élève qu'à force de lui apprendre les règles du participe passé, *elle est tombée enceinte*. Notre langue est érotique à souhait. Il eût été plus facile d'expliquer qu'il y existe une certaine logique dans l'alchimie du participe passé employé avec l'auxiliaire *avoir* : au fur et à mesure que nous écrivons la phrase *nous avons échangé*, nous ne savons pas encore quoi. Il y a tellement à échanger en amour : des baisers ? des caresses ? Une fois que nous écrivons le complément d'objet, c'est-à-dire une fois que nous découvrons dans l'extase ce que nous échangeons, il est trop tard pour accorder le verbe, car ces baisers enflammés que nous échangeons nous laissent accorder nos sens et nos corps. À l'inverse, lorsque le nom est avant l'auxiliaire, il n'y a pas d'ambiguïté sur son genre et son nombre, le participe peut s'accorder sans difficulté et nous pouvons nous réjouir des progrès que nous avons réalisés.

En 1851, l'abbé Mallet Dufresne, curé de Saisseval dans la Somme, fait paraître un ouvrage qu'il dédicace « à l'Académie d'Amiens, à l'Enfance, au bon Sens, à la Postérité ». Rien de moins. Pourtant, il ne s'agit pas d'une somme mais d'un petit *Traité des participes*, une plaquette de seize pages. Le curé se fait grandiloquent quand il évoque notre langue :

La langue française est une des plus belles langues qui existent. Elle est peut-être celle qui s'exprime avec le plus de précision : aussi est-elle la langue du monde civilisé. Cependant sommes-nous étonné (*sic*) qu'on ait laissé subsister une règle aussi fausse que celle-ci : *le participe doit s'accorder avec son régime*. Et cette autre : *Quand le participe est précédé de son régime, vous le ferez accorder ; et quand il en est suivi, vous ne le ferez pas accorder.*

Le « régime » dont il est question est le nom ou la suite de mots qui forment le sujet. L'abbé grammairien souhaite simplifier la règle en la rendant plus précise :

> Voici notre principe : Le participe exprime-t-il l'état ? Accord. Exprime-t-il l'action ? Point d'accord.

Ainsi, l'abbé propose d'écrire dorénavant *La lettre que j'ai écrit*, *La femme que j'ai aimé*. Pour l'abbé Mallet Dufresne, voilà l'avenir du participe passé :

> Quelle simplicité en place de tant de complication ! Que de difficultés aplanies pour nos pauvres enfants, et pour les étrangers !

La réforme voulue par l'abbé n'a jamais été adoptée, ni par l'Académie ni par l'usage. Membre de l'Académie de la Somme, Jean-Baptiste-François Obry donne une explication de cet échec en 1852 dans son *Historique et philologique sur le participe passé français et sur ses verbes auxiliaires*. L'abbé Mallet Dufresne est son ami d'enfance :

> Il se flatte, en quelque sorte, d'opérer une révolution dans notre langue, en la débarrassant pour jamais d'une entrave pénible, ardue, compliquée, qui fait le supplice des étrangers, des élèves nationaux, des instituteurs et des grammairiens eux-mêmes. Il oublie qu'en France il

> est plus facile de changer les formes du gouvernement que les formes de la grammaire.

En effet, en 1852, la République est renversée par l'Empire. L'abbé Mallet Dufresne récidive six ans plus tard avec la *Véritable clef des participes*, mais il dédie cette fois son livre à l'impératrice : le bon sens lui a fait comprendre qu'il est plus efficace de s'adresser aux Tuileries qu'à la postérité. La grammaire transcende la politique. L'usage du participe passé employé avec l'auxiliaire et qui s'accorde avec le COD s'il est placé avant le verbe demeure : rien n'efface la préséance grammaticale, sans doute parce qu'elle est une nécessité. Après le succès de *La Dame aux camélias*, Alexandre Dumas fils propose en 1854 *La Dame aux perles*. Dans le roman, Élisabeth est triste de voir Georges, son amoureux, partir pour Bordeaux. Pendant cette absence, elle ouvre le secrétaire et elle découvre une lettre dans la chambre de Georges :

> Elle jette les yeux machinalement sur la page, et un *e* muet à la fin d'un participe passé lui prouve qu'elle est écrite par une femme ; elle court à la signature : Marguerite...

L'accord du participe passé peut être néfaste pour l'enseignant. Dans *La Petite Maîtresse de maison*, roman que Julie Gouraud destine aux jeunes filles, Agathe et Pauline entretiennent une correspondance. Agathe, qui aime Pauline « de toute son cœur », est vigilante quant à la qualité de leurs échanges : « P.S. Il y avait trente et une fautes d'orthographe dans ta lettre. » Ce à quoi Pauline répond : « Je ne m'occupe absolument pas du participe passé. Je suis tout au présent. Quant au futur, c'est autre chose, il me donne l'espoir de te posséder ici : alors je lui accorde mon attention. » Pourtant Pauline bénéficie des leçons de M. Lemoine qui fait de son mieux pour faire progresser la jeune fille, comme elle l'explique à sa maman :

> M. Lemoine me charge de vous dire qu'il est très content de moi. Je ne voudrais cependant pas faire des progrès trop rapides, car chaque fois que j'accorde un participe avec son complément, il ouvre sa tabatière. J'ai compté jusqu'à douze prises pendant la leçon de ce matin : convenez que ce serait coûteux pour le brave homme !

Il faut beaucoup d'habileté pour réformer l'accord du participe passé. C'est ce qu'a essayé de faire René Haby, ministre de l'Éducation nationale en 1976 avec un arrêté sur les « tolérances grammaticales ou orthographiques ». En ce qui concerne le participe passé employé avec *avoir*, il admet qu'il prenne la marque du pluriel si le sujet *on* est collectif : *On est resté (restés) bons amis*. Il admet aussi une tolérance quand le verbe conjugué est suivi d'un infinitif : *Les musiciens que j'ai entendu (entendus) jouer*. Cette vague de tolérance bénéficie également quand la phrase est construite avec *en* : *J'ai laissé sur l'arbre plus de cerises que j'en ai cueilli (cueillies)*.

La réforme de l'abbé Mallet Dufresne ou les tolérances du ministre Haby eussent-elles été acceptées, par l'Académie et par l'usage, bien des angoisses grammaticales, des adultères et des excès de tabac auraient été évités.

44. En mode jussif

Du point de vue grammatical, un *mode* est un accident du verbe, comme le temps. Dit en des mots plus courants, le mode verbal est assez proche du mode musical : il renseigne sur le ton à donner à la partition que sont les mots et les phrases.

Bien que peu enseignés à l'école, ils sont très à la mode chez les grammairiens, et ce depuis Aristote, qui disait des modes qu'ils traduisent les états de l'âme, autant dire les états d'âme. Au Moyen Âge, les modistes ne cousent pas d'élégantes bures aux moines érudits, mais prônent la suprématie des modes. Au XVIe siècle, les grammairiens Ramus et Sanctius leur dénient toute existence, préférant la notion d'« énergie » verbale. En France, il faut savoir que les modes ont d'abord été appelés les *meufs* (ou *mœufs*) et, comme beaucoup de meufs, ils ont été la cause involontaire de guerres et sont restés des énigmes, malgré tous les clichés, stéréotypes et grandes généralités qui ont pu circuler sur leur compte.

Qui sont les meufs de France ? Combien sont les meufs ? Comment les aborder ? Autant de questions qui restent en suspens, variant selon les écoles. Furetière, au XVIIe siècle, retire l'infinitif mais ajoute l'optatif – qui exprime le souhait – et le concessif – qui exprime une restriction.

Pour l'abbé de Dangeau, académicien auteur en 1711 d'*Essais de grammaire*, dont un chapitre s'intitule « Lêtre sur l'orthografe », il existe deux modes, l'indicatif et le subjonctif. Pour un autre homme de *lêtres*, plus tardif, Condillac, il y en a quatre : l'indicatif, l'impératif, le subjonctif et l'infinitif. Beauzée les porte à six, avec l'indicatif, le gérondif, le participe, l'infinitif, le suppositif et le subjonctif. Aujourd'hui, les écoliers apprennent qu'ils sont cinq : l'indicatif, le subjonctif, le conditionnel, l'infinitif et le gérondif. S'ils poussent leurs études plus loin dans la science de la langue, ils découvrent que les deux derniers sont impersonnels et défectifs et que le conditionnel n'est probablement pas un mode. « Défectif », cela signifie que des personnes ou des temps leur font défaut. L'infinitif, lui, a l'étrangeté d'un mode sans personne et en devient universel : *Aimer jusqu'à la déchirure*. Parfois, ils viennent au secours l'un de l'autre. Par exemple, pour les personnes défaillantes, le subjonctif arrive à la rescousse de l'impératif : *Grâce leur soit mille fois rendue !*

45. *Je t'aimai* ou *Je t'aimais* ?

Certains parlent de subtilités de la langue, d'autres de souffrances. Toutefois, la conjugaison ne se fait pas sans humour, selon les classiques blagues de potaches, quand la maîtresse demande à Toto : « Si je te dis : *Hier, il pleuvait toute la journée*, de quel temps s'agit-il ? – D'un mauvais temps, Madame. » Toto a-t-il été puni ? A-t-il dû recopier cinquante fois : *Je commençai mal la journée*, avec une forte hésitation au moment d'écrire le verbe ? L'imparfait se termine en *-ais* et il ressemble terriblement au passé simple, lui, en *-ai*. Il serait mieux de s'émerveiller de la délicatesse infinie et de la compassion intelligente dont notre grammaire fait œuvre pour nous permettre de dire ce que nous avons en tête et sur le cœur. Souvent, nous avons appris à conjuguer avec le verbe *chanter*, mais à moins d'être un mélomane hors pair, il conviendrait sans doute mieux de prendre un verbe au sens un peu plus fort, comme *aimer*, afin d'apprécier et de retenir l'incroyable palette des temps et des modes à notre disposition en français, pour dire nos sentiments lorsqu'ils sont passés. Retrouver le radical et la terminaison s'avère utile pour écrire ce que l'on veut dire vraiment, surtout lorsque les sons se confondent et que l'émotion nous gagne. Quand le mail, le texto, la lettre part ou, pire, vient déjà d'arriver, nous ne savons plus si nous avons écrit à la hâte : *Je t'aimai*, ou *Je t'aimais*. Pour exprimer ce que nous pensons vraiment, lequel aurait-il fallu choisir ?

46. Pourquoi le passé simple est-il simple ?

Je t'aimai, c'est un passé simple, celui qui est rangé, pour qui a bien retenu la leçon, dans la case « temps du récit ». Il ne se dit plus, il se lit, il se perd et, pour l'achever une bonne fois pour toutes, il est question de ne plus l'enseigner dans les petites classes. Le passé simple passe pour précieux si bien que de plus en plus de gens ont tendance à le saupoudrer d'accents circonflexes, le confondant avec le pluriel – *nous aimâmes*, *vous aimâtes* – ou avec l'imparfait du subjonctif. L'accent circonflexe signe pour quelques-uns soit l'emphase, soit de manière très générale ce qui est très vieux, très français, *châtié*, *crâne*, *suprême* (voir les points 6 et 7 sur les accents). Cette erreur fréquente n'est pas si bête car l'accent circonflexe ne se justifie que pour la deuxième personne du pluriel : il est la trace du *st* latin dans *amavistis*, *vous aimâtes*. Il n'y a pas de bonne raison à ce que la première personne du pluriel prenne elle aussi un accent circonflexe, si ce n'est un élan d'amour et de solidarité grammaticale du *nous* envers *vous* qui fait que les deux portent le chapeau.

Si le passé simple a l'air compliqué, c'est parce qu'il change de « base », en utilisant un radical qui lui est propre, mais il reste fidèle à son nom : son sens est simple, sa fonction dans la chronologie aussi. Il raconte un fait, une histoire, d'un point de vue extérieur, objectif. C'est pour cela qu'il est le temps du récit et qu'il ne s'emploie pas pour une description, forcément subjective, car née d'impressions. Il peut raconter des sentiments, mais révolus du point de vue de celui qui raconte. Si nous dessinons une frise ou une spirale du temps, le passé simple est tous les points en amont de la narration qu'il ne touche pas ni même ne frôle : l'action qu'il porte doit être finie avant le moment de la narration. C'est pour cette raison que certaines grammaires disent de lui qu'il est « parfait », non qu'il n'ait aucun défaut mais parce qu'il est le temps de l'achèvement.

Alors que signifions-nous, ou pire, qu'avons nous signifié en disant « Je t'aimai » ? Il peut s'agir d'une révélation ou d'un aveu : *Je t'aimai et tu ne l'as jamais su.* Est-ce que c'est fini ? Oui, c'est fini, ce moment d'amour est passé. Il est même terminé depuis plus de vingt-quatre heures car, comme l'a énoncé l'humaniste Robert Estienne en 1569, repris ensuite par Arnauld et Lancelot dans leur *Grammaire générale et raisonnée du Français*, le passé simple s'emploie pour des événements passés depuis au moins un jour. Il faut bien vingt-quatre heures, même à des grammairiens, pour être objectifs et détachés du passé.

Je t'aimai, voilà une manière douce mais sans appel d'annoncer à quelqu'un qu'on ne l'aime plus, du moins plus de la même façon. Le passé simple est le temps de l'instant révolu. Toute idée de durée n'est pourtant pas bannie : *Je t'aimai durant vingt ans* est tout à fait possible et admirable. Idem chez Saint-Exupéry dans *Vol de nuit* : « Quand les dix minutes d'escale furent écoulées, Fabien dut repartir. » Toutefois la période est nettement circonscrite, et achevée, elle n'a plus d'incidence sur le présent de celui qui raconte.

Est-ce à dire que tout espoir est perdu et que chacun reprend ses billes ? Âmes sensibles ou sentimentales, le passé simple n'est pas pour vous. Informatif et objectif, il nous parle d'un temps révolu et, même si l'histoire d'amour n'est pas terminée, le moment évoqué, lui, est terminé, enfui, fini. Il n'y a plus rien à en tirer, à nous de passer à autre chose, point final et c'est tout. Âmes précises et pressées, sachez-le, pour rompre en trois mots et autant de syllabes, il suffit d'écrire : *Je t'aimai.*

47. Le passé simple, un temps perdu

Le passé simple, ironie du sort, a lui aussi fini par passer. C'est simple, il passa. Il passa simplement mais lentement. Son déclin commence au XIIe siècle, il y a longtemps, à vrai dire même dès avant le français officiel. *Nous le parlâmes couramment*, nous apprennent les grammaires historiques. Imaginez le charme incongru de ce Moyen Âge où le meunier moulut, la couturière cousit, les moines en bure burent et vous pûtes jurer des serments solennels que vous tîntes car vous mourûtes hélas avant vos vingt-cinq ans. Puis il s'éclipsa pour être réservé à une action terminée, subissant la règle des vingt-quatre heures évoquée plus haut, mais continua d'être entendu à l'oral. Nous en avons la trace, par exemple, dans les *Fables* de La Fontaine, quand surgirent « Le loup et l'agneau » :

> — Et je sais que de moi tu *médis* l'an passé.
> — Comment l'aurais-je fait si je n'étais pas né ?
> Reprit l'Agneau ; je tette encor ma mère.
> — Si ce n'est toi, c'est donc ton frère.

Puis il disparut des bouches mais, s'il se fit de moins en moins entendre, il se lut toujours autant pour devenir le temps du récit. Il connut son heure de gloire en même temps que le roman français au XIXe siècle : il se compte par centaines chez Flaubert ou Balzac, pullule chez Zola et même dans la presse. Naturellement, il est un *must* des manuels scolaires de l'école de la IIIe République. Il est aussi très présent dans la littérature érotique, de bonne ou de mauvaise facture. En 1793, André-Robert Andréa de Nerciat présente *Les Aphrodites ou Fragmens thali-priapiques, pour servir à l'histoire du plaisir* :

> Peigne qui pourra le délicieux instant dont jouit alors un homme dont tout le ridicule n'eut pour cause que son excessive sensibilité. Qui vit sa joie, qui vit avec quelle crainte mêlée d'extravagants transports il interrogea, de sa main tremblante guidée par Nécrarque, le cœur de celle dont il pleura si longtemps le malheur d'être séparé ; qui fut sensible, en un mot, lui pardonna soudain toute sa bizarrerie.

Aujourd'hui, même à l'écrit, il est réservé à quelques formes, principalement le singulier des deux auxiliaires : *je fus*, *tu fus*, *il fut*, *j'eus*, *tu eus*, *il eut*. Le pluriel est rarissime : *nous fûmes* est mauvais pour la santé, *vous eûtes* sonne faux, *ils eurent* et *furent* semblent précieux et périlleux quant à leur orthographe, d'autant plus que les correcteurs informatiques les soulignent comme s'il s'agissait d'erreurs. Dans la presse écrite, son emploi est de l'ordre du sensationnel, voire du merveilleux. À noter que, d'après Grevisse, c'est dans *L'Humanité* qu'on trouve le plus d'exemples du passé simple.

Du passé simple, donc, nous pourrions dire « nous l'aimâmes », car nous l'avons aimé et nous ne l'aimons plus. Pourquoi ? Le plus évident serait de penser que c'est à cause de l'étrangeté de sa morphologie, mais après tout ses formes paraissent compliquées car elles ne nous sont plus familières puisque nous ne les utilisons plus. Les non-francophones peuvent témoigner : il est plus difficile de mémoriser un participe passé, son auxiliaire et savoir comment l'accorder pour former un passé composé que d'apprendre un passé simple. Pourtant, le rapport d'emploi des deux temps dans la correspondance s'est inversé : les lettres classiques, celles du XVIIe siècle, montrent 60 % de passé simple et 40 % de passé composé. C'est déjà l'inverse au XIXe siècle. Dans cette guerre des temps, l'imparfait l'emporte. L'abandon du passé simple dit quelque chose sur ce que nous sommes devenus : il nous a été de plus en plus difficile de nous défaire de notre passé, d'admettre qu'un temps est révolu et d'admettre aussi que nous puissions en être détaché. En bref, nous avons eu de plus en plus de mal à tourner la page, à écrire *Je t'aimai* plutôt que *Je t'aimais*.

48. L'imparfait

Hérissé de *i* dressés comme des lances, l'imparfait a gagné la grande bataille du passé. Sa mission est de dire une action dont la fin n'est pas connue, ni même parfois le début. Subtil et sentimental, détestant les limites, il aime le flou, l'incertain, la répétition. L'imparfait est parfait pour servir de toile de fond à une action : *Je t'aimais, lorsque la guerre arriva*, ou pour énoncer une répétition. Comme il envisage les choses de l'intérieur, il est par conséquent le compagnon idéal de la subjectivité. *Je t'aimais* : je ne sais pas quand tout cela a commencé, où cela va aller ni quand cela s'est fini ni même si cela va se finir, mais *je t'aimais*.

L'imparfait nous a séduits. Pourtant avec ses *i*, ses *ii*, ses *yi*, il est apte à provoquer de multiples hésitations et ses emplois sont tout sauf simples. À l'oreille, il n'a rien de parfait et multiplie les hiatus : *nous nous ennuyions*, *vous étudiiez*, *nous dormions*, *vous vous récriiez* ; nous sommes toujours étonnés qu'il ne s'agisse pas d'une erreur. Il faut beaucoup de sentiments et une belle mélodie pour être heureux d'entendre : « Nous nous aimions le temps d'une chanson. » Jusqu'à Voltaire, l'imparfait préférait le *o* au *a*, ce qui évitait les confusions et était peut-être plus harmonieux : *Je t'aimois*, quel émoi ! C'est la faute à Voltaire donc, mais ne lui en voulons pas trop : sa réforme de l'orthographe, qui ne fut avalisée par l'Académie qu'en 1835, correspondait à l'évolution de la prononciation, le *ois* s'entendait *ouais* depuis belle lurette. *Je t'aimouais* : il y avait de quoi douter de la profondeur du sentiment.

L'imparfait est en passe de devenir le temps fétiche du français, qui lui trouve des sens d'un raffinement remarquable. Nous apprenons tous à un moment ou un autre, parfois à nos dépens, qu'il exprime une durée ou une habitude ou une répétition, mais il est tellement plus riche que cela. Il fait apparaître d'un coup de baguette linguistique les jeux de l'enfance : *Tu étais le cowboy et j'étais les Indiens*. C'est l'imparfait ludique, du jeu, donc. Lié à l'énonciation, il nous accroche d'un simple « Il était une fois ». Il se fait aimablement condescendant quand il est hypocoristique : *Alors, on n'était pas sage aujourd'hui ?* Avec *si*, il trahit le désir derrière la politesse : *Si je t'aimais*. Ou accompagne le regret : *Si seulement je t'aimais*. Parfois il suggère : *Et si nous nous aimions ?*

La conjugaison nous en raconte beaucoup sur ce que nous sommes. Le passé, c'est notre grande affaire. Le français est une langue nostalgique qui, comme Orphée, adore regarder en arrière. Songez qu'à l'indicatif il y a douze temps (treize si la forme *venir de* pour dire le passé proche est prise en compte), pour un seul présent et un seul futur (deux en comptant la forme avec *venir* + infinitif) : le passé simple (*J'aimai*), le passé composé (*J'ai aimé*), le passé antérieur (*J'eus aimé*), le passé antérieur surcomposé (*J'eus eu aimé*), le passé surcomposé (*J'ai eu aimé*), l'imparfait (*J'aimais*), le plus-que-parfait (*J'avais aimé*), le plus-que-parfait surcomposé (*J'avais eu aimé*), le futur antérieur (*J'aurai aimé*), le futur antérieur surcomposé (*J'aurai eu aimé*), sans oublier le conditionnel passé (*J'aurais aimé*) et le conditionnel surcomposé (*J'aurais eu aimé*). Nous adorons le temps perdu, le classons, le hiérarchisons et nous lui donnons mille facettes et mille et une nuances.

49. Simple comme le futur

Le futur est un moment de repos dans la conjugaison : de son orthographe (enfin un mot qui s'écrit comme il se prononce) à sa construction, il nous offre un soupir de soulagement bien mérité. Dans notre histoire d'amour orageuse avec la langue et la grammaire, il est le moment d'apaisement entre deux tempêtes, les jours alcyoniens qui désignent le grand calme de la mer avant et après le solstice d'hiver. Derrière le Charybde et Scylla que sont le passé composé et le passé simple, et avant la descente aux Enfers des modes, voici le doux temps d'aimer un peu, les années passées en bonne compagnie sur une île déserte où il fait bon s'exclamer : « Enfin seuls », en envisageant l'avenir.

Aimons notre futur. Filons avec lui le parfait amour, comme deux amants examinant l'horizon infini sur l'océan limpide de leur passion, même si ce moment de grâce est aussi inexplicable que fugace, fort et fragile à la fois. Le futur est paradoxal et, sous bien des aspects, trompeur, mais commençons par savourer ce vert paradis qui s'offre à nous.

Le futur simple se forme sur l'infinitif, parfois un peu arrangé pour les besoins de l'euphonie, avec les terminaisons *ai*, *as*, *a*, *ons*, *ez*, *ont*. Ces terminaisons sont celles du présent du verbe *avoir*, car la formation du futur est elle aussi très simple. Il est issu d'une périphrase latine *avoir* + verbe à l'infinitif, qui indiquait un événement futur proche et certain, comme pour nous *je vais* + infinitif. Notre futur a donc un passé, un passé païen et licencieux, de cette langue formidable dans laquelle *sûrement elle m'aimera* se disait *certamen amabit*, ce qui, tout de même, est un peu cavalier.

Pour former le futur, il convient de partir de l'infinitif. Cela est vrai pour l'écrasante majorité des verbes, mais, comme toujours, ce sont les verbes que nous utilisons le plus qui nous donnent du fil à retordre. Pour masquer notre propension à déformer, malmener, ou s'approprier ce dont nous avons le plus besoin, les grammairiens parlent de « radical du futur », expression sous laquelle un historien facétieux voit immédiatement la réincarnation de Léon Gambetta, d'Émile Combes ou d'Édouard Herriot, bref une grande figure du Parti radical. Certaines de ses métamorphoses sont nommées d'après les noms complexes de la linguistique, tel que le terrifiant *e svarabhaktique* qui n'est autre que la transformation du *i* en *e* dans, par exemple, *je cueillerai* alors que l'infinitif est *cueillir*. Il s'agit davantage de particularités plutôt que d'irrégularités. Celles-ci, peu nombreuses, commencent, une fois n'est pas coutume, dès le premier groupe. Le *Bescherelle* nous les rappelle :

> Les futurs de plusieurs verbes du 1er groupe présentent certaines particularités. On ne doit pas oublier l'*e* devant les terminaisons des verbes *créer*, *prier*, etc. : *nous créerons*, *nous prierons*. Pour les verbes en *-eler* ou en *-eter*, les mêmes règles s'appliquent au présent de l'indicatif et au futur. On écrit donc *nous jetterons*, mais *nous achèterons*. Les verbes en *-yer* transforment l'*y* en *i* à toutes les personnes du futur simple : *j'emploierai*, *nous emploierons*. Font exceptions *envoyer* et *renvoyer*, dont le futur est imité de celui de *voir* : *j'enverrai*, *nous enverrons* (avec deux *r*). Les futurs de plusieurs verbes du 3e groupe présentent certaines particularités. *Cueillir* forme son futur avec la voyelle *e* : *je cueillerai*. *Courir*, *mourir*, *acquérir* se conjuguent avec deux *r* : *je courrai*, *je mourrai*, *j'acquerrai*. *Asseoir* donne *j'assiérai*. D'autres verbes présentent un radical spécifique : *aller* (*j'irai*), *avoir* (*j'aurai*), *être* (*je serai*), *faire* (*je ferai*), *falloir* (*il faudra*), *tenir* (*je tiendrai*), *valoir* (*je vaudrai*), *venir* (*je viendrai*), *vouloir* (*je voudrai*).

En français, le futur est simple comme l'amour : cette simplicité est un mystère, doté assurément de quelque chose de magique, tout futur étant, à des degrés divers, la croyance en une prédiction.

50. Les temps du futur

Si le futur a un passé, le passé a aussi un futur, le futur antérieur, peu apprécié des oreilles délicates, car il est quelque peu ronflant : *Ce siècle aura vu.* Il était particulièrement employé par les historiens du XIXe siècle, si bien qu'il est parfois appelé le « futur historique ». Quand il évoque, le 17 juin 1815, la veille de la bataille de Waterloo, Edgar Quinet se demande :

> Quel usage fera Napoléon des derniers moments qui lui restent ? Ils sont bien courts ; mais peut-être suffiront-ils encore, s'il trouve une de ses inspirations accoutumées.

De même qu'il dispose d'un passé proche, *Je viens de t'embrasser*, le présent a son petit futur, le futur proche : *Je vais t'embrasser.* Il se dit les lèvres déjà entrouvertes et si nous souhaitons éviter ce baiser, tournons vite la tête car il est imminent ! Le seul temps qui n'ait pas de futur, finalement, c'est le futur. Le futur est donc le temps punk par excellence, qui pourrait chanter *No Future* avec les Sex Pistols.

Le futur, comme l'amour, est un paradoxe : il est non seulement une inconnue, mais une inconnue multiple et sans fin. Nous donnons un point de départ au passé, jamais nous ne pourrons déterminer le point d'arrivée du futur, tout au plus pouvons-nous placer de-ci de-là des points d'étapes. Pourtant, autant que l'amour, nous aimons ce temps plein de certitude, simple à construire. Bien que l'avenir soit incertain par nature, le futur pose un élément comme certain : quel réconfort !

Il faut garder en mémoire que dans le futur tout n'est pas idyllique. Nous le réservons principalement à ces emplois temporels, mais il est doté également de nombreux emplois modaux, qui déposent des gouttes de nuances sur notre horizon limpide.

À une terrasse de restaurant, jadis, dans l'attente d'un rendez-vous, qui ne vient pas, *Il sera en retard* indique que nous connaissons suffisamment la personne pour savoir qu'il sera en retard, ou que nous l'espérons tant il est vrai que nous préférons l'attente à un lapin.

Lorsque nous voulons être poli, mais ferme, nous choisissons aussi le futur : *Je demanderai votre main* signifie que notre interlocuteur n'a guère le choix, à la différence de : *Je demanderais votre main*, qui est un souhait ou une promesse, voire une non-déclaration en mariage. Enfin, le futur traduit l'impératif du désir :

> Moi, je t'offrirai
> Des perles de pluie
> Venues de pays où il ne pleut pas
> Je creuserai la terre jusqu'après ma mort
> Pour couvrir ton corps d'or et de lumière
> Je ferai un domaine
> Où l'amour sera roi, où l'amour sera loi
> Où tu seras reine.

Hélas, même avec Jacques Brel, la confiance s'effrite trop vite et s'éteint alors que le désir est là. Le futur ne tarde pas à s'ombrer d'une part de doute ou, du moins, de simple probabilité. Ce degré de confiance dans l'avenir, élément essentiel au bonheur des ménages, va du futur météorologique – *Le soleil brillera sur une large partie du quart nord-est* –, à la conjecture irréelle, celle qui, pour citer Brel à nouveau, fait que, de strophe en strophe, il est de plus en plus clair que Madeleine ne viendra pas et qu'il faudra, comme toutes les semaines, jeter ses lilas.

51. Indicatif *vs* subjonctif

« Que je t'aime ! », une fois, deux fois, trois fois, le temps d'une chanson ou toute la vie, le cri d'amour de Johnny est-il écrit au subjonctif ou à l'indicatif ? Pour l'air, une oreille musicale reconnaît qu'il est en mode mineur, mais pour les paroles, l'oreille grammaticale la plus fine ou la mieux appareillée aurait bien du mal à le décider. Indicatif et subjonctif sont également possibles, sauf qu'ils ne veulent pas dire la même chose. *Que je t'aime* à l'indicatif est un fait et une exclamation. C'est beau, mais *Que je t'aime* au subjonctif l'est bien davantage, car ce mode est celui de la volonté : *J'attends qu'il vienne*, *Je veux qu'il vienne* ; du désir : *Je souhaite*, *J'ai envie qu'il vienne* ; désir qui devient parfois une urgence voire un impératif : *J'exige qu'il vienne*, *Mais qu'il vienne*, ou *Que je t'aime !*

Le désir est chose périlleuse et l'issue n'est jamais acquise, aussi le subjonctif se meut en crainte : *J'ai peur qu'il ne vienne (pas)*, puis en doute : *Je doute qu'il vienne*, parfois enfin en regret : *Quel malheur qu'il ne vienne pas !* ou *Je regrette qu'il soit venu.* Tous ces emplois montrent que le subjonctif renvoie à un ensemble de possibles, différent de la réalité, à un univers parallèle.

Du subjonctif, nous n'avons généralement guère de souvenirs d'école, au plus quelques sourires d'adolescents, plus tard quelques regrets de ne jamais avoir pu l'employer :

Que je susse
Que tu susses
Qu'elle ou il sût
Que nous sussions
Que vous sussiez
Qu'ils sussent

52. Le meilleur des modes

Imaginons un monde, dans les médias, dans le journal, en tête à tête, dans la conversation, où deux tribuns s'exclament : « Encore eût-il fallu que l'on vous crusse ! », où *Tu me plais* devient *Tu me plusses*, où quand s'éloigne une belle passante, nous puissions lui murmurer, comme Baudelaire : « Ô toi que j'eusse aimé, ô toi qui le savais. »

Avec sa horde de *q* et de *que*, ses *s* en cascade, le subjonctif est le mode sexy par excellence. Rien qu'à ce titre, il eût mérité que nous nous y consacrassions corps et âme. Les plus amoureux lui déclarent leur flamme dans un poème, comme Alphonse Allais, dans son *Épître amoureuse d'un puriste, complainte amoureuse adressée à la danseuse Jane Avril* :

> Ah fallait-il que je vous visse
> Fallait-il que vous me plussiez
> Qu'ingénument je vous le disse
> Qu'avec orgueil vous vous tussiez
> Fallait-il que je vous aimasse
> Que vous me désespérassiez
> Et qu'en vain je m'opiniâtretasse [*sic*]
> Et je vous idolâtrasse.
> Pour que vous m'assassinassiez.

Sexy et drôle, le subjonctif est le point de grammaire qui donne le plus de fil à retordre à ceux qui apprennent le français. Pourquoi ? Ce n'est pas pour sa morphologie ou sa conjugaison, car le subjonctif a peut-être la formation la plus simple de la conjugaison. Hormis les auxiliaires *être* et *avoir*, il ne contient aucune exception, ce qui est rarissime et mérite d'être salué. Il est sage, garde les mêmes terminaisons pour tous les groupes verbaux, les empruntant à d'autres temps pour faire plus simple. Au présent : *e*, *es*, *es*, *ions*, *iez*, *ient* ; à l'imparfait, il se pare de *s* et de panache et devient truculent, comme dans la tirade de Cyrano, d'Edmond Rostand :

> On pouvait dire… oh ! Dieu !… bien des choses en somme…
> En variant le ton, – par exemple, tenez :
> Agressif : « moi, monsieur, si j'avais un tel nez,
> Il faudrait sur-le-champ que je me l'amputasse !

Surtout, pudiquement drapé derrière les doubles *s* et les accents circonflexes, les *usses* et les *asse*, le subjonctif dit des choses très belles et très simples. Amoureux des lettres, Erik Orsenna se fait *Chevalier du subjonctif* en quoi il voit une île, une utopie peuplée de rêveurs, de révolutionnaires et d'imaginatifs. Grevisse, lui, ajoute une note de poésie lorsqu'il le définit comme le mode des « mouvements de l'âme ». Le subjonctif fait basculer dans la littérature de science-fiction. Les grammairiens et les linguistes évoquent à son propos l'anti-univers, le monde contrefactuel et le monde des possibles, autant de termes que l'on attendrait davantage dans un roman d'Aldous Huxley, auteur du *Meilleur des mondes*.

53. *Avant que* et *après que*

Selon l'Académie, « à la différence de *avant que*, qui implique une notion d'éventualité, *après que*, marquant que l'on considère le fait comme accompli, introduit une subordonnée dont le verbe doit être mis à l'indicatif. *Je rentrerai après que la nuit sera tombée. Il est parti après que nous l'avons tous salué* ».

Combien de fois avons-nous gardé la plume en suspens ou changé de formulation car nous ne savions plus quel mode utiliser avec *avant que* et *après que* ? Pour ne pas hésiter, il suffit de simplement garder en mémoire le sens du subjonctif. *Avant*, tout est possible, alors le subjonctif apparaît ; *après*, les jeux sont faits, l'indicatif est de mise. *Avant que j'aille t'embrasser* : le baiser est encore suspendu aux lèvres du possible. *Après que je t'ai embrassée* : il a eu lieu. À un premier rendez-vous, souvent le cœur s'emballe d'émotion et il arrive qu'il parle juste et vrai. Si nous disons : « Je cherche quelqu'un qui me surprenne », il y a de fortes chances que nous ne l'ayons pas trouvé et que notre inconscient linguistique nous suggère que la personne en face n'est pas la bonne. En revanche, si, droit dans les yeux, nous avons dit : « Je cherche une personne qui me surprend », cela signifie que dans notre esprit, elle existe déjà, voire qu'elle est en face de nous.

Le subjonctif est si fin que la place de la proposition dans la phrase importe : *Que l'amour puisse sauver le monde est une certitude* est au subjonctif parce qu'au moment où le verbe est écrit, le fait n'est pas encore énoncé, nous ne savons pas encore que c'est une certitude. À l'inverse : *C'est une certitude que l'amour peut sauver le monde.*

Dans certains cas, l'emploi du subjonctif est laissé au libre arbitre ainsi qu'à l'optimisme de celui qui parle ou qui écrit. Soulagement ! Nous pouvons écrire *Je ne crois pas qu'il vienne* autant que *Je crois qu'il viendra.* Dans le premier exemple, la venue n'appartient pas à l'univers de croyance de celui qui dit *je* alors que, dans le deuxième, c'est le cas. Les grammairiens ne nous en voudront pas de choisir l'un ou l'autre. Sur l'île des possibles et de l'imaginaire, comme la nomme Erik Orsenna, l'hypothèse a la part belle : *Eussions-nous tout compris au subjonctif, nous serions plus heureux !* Ou bien : *Qu'elle me dise oui, et je serai le plus heureux des hommes*. Dans ce cas, le subjonctif préfère ne pas se passer de *que*, sauf dans quelques expressions comme : *Plût au ciel*, *Honni soit qui mal y pense*, *Ainsi soit-il !* et *Vivent les mariés !*

Que n'est pas toujours indispensable et peut être remplacé par *si*. C'est alors le conditionnel qui prime : *Si je connaissais la grammaire par cœur, je m'ennuierais.* Parfois lorsque *si* équivaut à *quand*, l'indicatif, présent ou futur, est suffisant. Dans les grammaires, la météo met tout le monde d'accord. Des rayons de soleil se posent sur les pages et donnent l'envie de prendre le large : *S'il fait beau, j'irai à la plage*. Cette simple règle grammaticale dessine une distinction quasi philosophique. Le monde possible ne l'est que dans l'esprit de celui qui raconte, alors que la condition existe en dehors de celui qui parle ou qui écrit. En d'autres termes, le subjonctif est aussi subjectif et généreux : il n'aime pas les conditions. C'est pour cela aussi qu'il se glisse avec élégance dans la concordance des temps, toujours accroché à la subjectivité de celui qui raconte. Doté d'une palette aux nuances nombreuses, il est à la grammaire ce que l'impressionnisme est à la peinture : il peint le concret et le vivant, le monde de celui qui regarde.

Le subjonctif doit-il être enseigné ? La question s'est posée sous prétexte que les écoliers ne seraient pas à même de le comprendre. C'est pourtant une idée bien étrange de croire que les enfants ne sont pas à même de saisir l'imaginaire. Amputés du meilleur des modes possibles, ils le découvrent adolescents, au collège, au détour d'un cours de mathématiques : *Soit une droite A…*, ou bien dans un fragment de littérature ou dans une de ces notes de bas de page, censément pédagogique, qui explique un mot par un jugement de valeur : « désuet ».

Que le monde des mots soit plus riche que la réalité, voilà l'apport du subjonctif au français. Il est notre mode majeur.

Le nom, le verbe, le complément, l'adverbe, la préposition et tous leurs amis sont désormais réunis. Ils se placent, ils s'installent, se coordonnent et se conjuguent. De leurs étreintes naissent le style et la syntaxe.

IV

STYLE ET SYNTAXE

54. Les prépositions

Tous les étés, les amoureux de théâtre se rendent dans la cité des papes pour le Festival d'Avignon. Arrivés sur le quai, le chef de gare, jovial, affable et souriant, accueille les festivaliers par un « Bienvenue *en* Avignon ! » Quelques mètres plus loin, le préposé du syndicat d'initiative vante la qualité des pièces jouées cette année « *à* Avignon ». Étourdi, le visiteur se demande : « Mais alors, c'est *à* Avignon ou *en* Avignon ? » Il peut s'entendre répondre : « Moi je dis *à*, mais les vieux disent *en*. » Cela suffit à calmer la curiosité du festivalier. De retour dans sa région, sa province, sa ville, l'amoureux de la scène ne manquera pas d'évoquer les émotions théâtrales qu'il a vécues *à* Avignon. Il sera surpris devant la mine pincée et la moue narquoise de ses interlocuteurs. Les plus charitables insistent sur le fait que « eux aussi ils étaient allés *en* Avignon ». La tragédie commence. Sûr de son bon droit et mû par un léger goût de la provocation face au snobisme qui naît de l'ignorance, l'Avignonnais d'un été explique tenir son information d'une personne ayant grandi sur place, un indigène : il a constaté de ses yeux et de ses oreilles, ce qui constitue la meilleure preuve, selon l'antique Hérodote, que l'on dit « *à* Avignon ». Fin de l'acte I.

L'été suivant, l'amoureux de théâtre voyage de nouveau pour assister au festival initié par Jean Vilar. Sur le quai, comme à l'accoutumée, le chef de gare, avec son sourire jovial, exulte : « Bienvenue *en* Avignon ! », tout comme le préposé au syndicat d'initiative : cette fois, tout le monde est d'accord pour dire « *en* Avignon ». Surgit une sensation qui pourrait se nommer, en notre for intérieur, « la honte *a posteriori* » : elle se manifeste par un petit vent glacé qui vous fait frissonner et plisser le front, comme l'hiver *en* Avignon. Ce mistral émotionnel passe juste derrière la nuque et rappelle toutes les fois où a été péroré : « C'est *à* Avignon ; *à* Avignon, il n'y a que les vieux qui disent *en* Avignon. » La tragédie devient dramatique. Comment expliquer ce changement ? « Ça dépend des remparts. » De retour dans sa région, sa province, sa ville, l'amoureux du théâtre explique à ses camarades qui sont devenus moins arrogants et plus soucieux de vérité, qu'il faut dire « *en* Avignon » lorsqu'il était question de la vieille ville, prise dans les remparts, et « *à* Avignon » lorsqu'il s'agissait de la ville moderne. D'autres font appel à l'histoire et à la géographie avignonnaise : « Tu vois, la gare est hors des remparts, elle est *à* Avignon ; le Palais des papes est dans les remparts, il est *en* Avignon. Historiquement, on dit *en* Avignon pour désigner l'État papal. » Fin de l'acte II.

Pourtant, si tout cela n'était que comédie ? Les festivaliers vont non seulement en Avignon, mais aussi en Arles. Ils pourraient aussi aller en Antibes pour le festival de jazz, puisque le Grevisse, indéfectible et immuable ami, donne l'explication : « Par imitation de l'usage occitan (pour Avignon, Arles, etc.) ou par archaïsme, divers auteurs utilisent *en*, au lieu de *à* devant un nom de ville commençant par A. » Fin de la pièce, rideau.

Nous pouvons donc voyager en Alger, en Arras, et même en Agen, en Alès et en Abbeville, voire parfois faire nos courses en Auchan. Malheureusement, jamais nous n'habiterons *sur* Paris, ni *sur* Marseille. Le seul habitant sur ces deux grandes villes est hélas le nuage de pollution qui ne les quitte jamais, sauf quand souffle le mistral. *Sur* a de nombreux emplois mais ne s'applique pas aux villes. En revanche, il s'applique aux planètes et c'est peut-être cet emploi qui explique le glissement d'usage : les habitants de la planète Marseille ou de la planète Paris ont sur certains points des allures d'extraterrestres, sur Mars ou sur Jupiter.

Les prépositions sont des termes étranges : elles n'ont pas de fonction et pourtant elles sont essentielles. Dans notre cité des mots, elles sont les diplomates, ou les commis de chaque petite entreprise linguistique. Elles assurent la bonne communication et les bonnes relations dans les groupes. Elles permettent d'attacher un nom à un autre : *Le jardin de mon enfance* ; un verbe à un adverbe : *Elle est partie pour toujours* ; un verbe à un autre : *Le président a décidé de démissionner* ; un verbe à son complément : *Courir après son ombre* ; ou de passer la mesure : *Par-delà le bien et le mal.* À l'école, nous avons peut-être appris la ritournelle destinée à les mémoriser : *Adam part pour Anvers avec deux cents sous* (à, dans, par, pour, envers, avec, de, sans, sous). La promenade d'Adam étant loin de les contenir toutes, voici une liste des principales, par ordre alphabétique :

> à, après, avant, avec, chez, concernant, contre, dans, de, depuis, derrière, dès, devant, durant, en, entre, envers,

hormis, hors, jusque, malgré, moyennant, nonobstant, outre, par, parmi, pendant, pour, sans, sauf, selon, sous, suivant, sur, touchant, vers, via

À cette énumération déjà longue, s'ajoutent les prépositions venues d'une autre langue, comme *circa* (en latin « environ ») et *versus* (« contre » en latin mais venue *via* l'anglais), ainsi que quelques locutions prépositives, qui combinent plusieurs prépositions :

> à cause de, à charge de, à compter de, à côté de, afin de, à fleur de, à force de, à la faveur de, à la merci de, à l'encontre de, à l'entour de, à l'exception de, à l'exclusion de, à l'instar de, à même, à moins de, à partir de, à raison de, à seule fin de, à travers, au contraire de, au-dedans de, au-dehors de, au-delà de, au-dessous de, au-dessus de, au-devant de, au fur et à mesure de, au lieu de, au moyen de, auprès de, au prix de, au prorata de, autour de, au travers de, avant de, d'après, d'avec, de façon à, de manière à, de par, de peur, du chef de, en bas de, en deçà de, en dedans de, en dehors de, en dépit de, en dessous de, en face de, en faveur de, en guise de, en outre de, en plus de, en sus de, face à, faute de, grâce à, histoire de, hors de, loin de, lors de, par-delà, par-dessous, par-dessus, par-devant, par-devers, par rapport à, par suite de, près de, proche de, quant à, quitte à, sauf à, sous couleur de, vis-à-vis de…

C'est grâce à elles que nous nous passons de cas et de déclinaisons en français. Leurs sens multiples et parfois contradictoires s'expliquent justement par leur origine : lorsque les cas existaient, ils infléchissaient le sens de la préposition voire le modifiaient. Ainsi *de* peut signifier l'appartenance (*le livre de Pierre*, l'équivalent d'un génitif) ou la provenance (*je sors de ma chambre*, l'équivalent d'un datif ou d'un ablatif). De même, *Je suis contre toi* peut autant marquer le contact que l'opposition : « Je n'ai rien contre les femmes, disait Sacha Guitry, je suis tout contre ». Casse-têtes pour ceux qui apprennent notre langue, les prépositions ont pour nous de précieux secrets que nous entrevoyons à peine. Si nous croyons *en* quelqu'un (ou en quelque chose) c'est que nous lui faisons confiance. Si nous croyons *à* quelqu'un (ou à quelque chose) c'est que nous sommes persuadés de son existence. De même si un partenaire satisfait nos désirs, nous sommes contents tous les deux, mais si le même satisfait *à* nos désirs, cela signifie en sus que nous lui en avons donné l'ordre. Nous regardons un beau tableau, nous l'admirons, le convoitons, mais notre banquier regarde *à* la dépense et nous recommande de ne pas l'acheter.

Voici l'occasion de se rappeler une dernière fois que nous nous souvenons *de* nos amis d'enfance, mais que nous nous rappelons quelqu'un, car *rappeler* se construit identiquement à *appeler*, deux verbes transitifs (voir le point 37). Transitifs sont également *attester* et *pallier* : *Inutile de pallier des fautes par d'autres !* En revanche moins connu, mais aussi propice à l'erreur, *enjoindre* se construit avec *à* : *Il enjoignit à la jeune femme de le rejoindre de nuit.*

Parfois, les prépositions se livrent concurrence. La polygamie est interdite, mais nous pouvons nous fiancer et nous marier de plusieurs manières, une première fois *avec* et la seconde *à*. Les prépositions font naître des nuances délicates. Quand je *goûte* un plat, un vin, le bonheur, c'est que je l'apprécie, qu'il est à mon goût. Quand j'ai *goûté du* lait de soja, j'ai su que c'était la première et la dernière fois que j'en buvais, car la boisson ne me plaisait pas du tout ; mais quand je *goûte à* un dessert, c'est que je ne prends qu'une petite quantité, le plus souvent dans l'assiette de mon amoureux ou de mon amoureuse.

Rêvons un peu. *Rêvons à* l'amour, à des lendemains meilleurs, à des citoyens maîtrisant leur avenir et leur langue : si nous pouvons faire ensemble ce rêve, c'est parce que *rêver à* signifie *imaginer* et *désirer*. Rêvons également sans préposition : « Je rêvais croisades, voyages de découvertes dont on n'a pas de relations, républiques sans histoires », écrit Arthur Rimbaud dans *Une saison en enfer*, puis il précise : « Je croyais à tous les enchantements. » Lorsque le sommeil nous gagne, ou quand, les yeux grands ouverts, nous nous échappons d'un environnement déplaisant, nous *rêvons* éveillés *de* quelque chose ou de quelqu'un.

55. Subordination

Dans la fourmillante cité qu'est chaque phrase, quel type de régime choisir ? La syntaxe propose l'égalité de tous les membres ou au contraire leur hiérarchie. Le premier régime, l'équité, est la coordination et le second la subordination. Avec le premier régime, les mots, les phrases et les segments de phrases sont camarades, pairs de droit. La subordination bâtit des royaumes et des mondes de mots féeriques, avec des monarques absolus, quoique parfois atrophiés, et des sujets dociles et disciplinés. Ce royaume est gouverné par les conjonctions de subordination. Ce sont de petits mots invariables et sans fonction, qui indiquent les rapports entre un membre de phrase et le centre de celle-ci. La langue française – et donc notre pensée – préfère spontanément les relations de hiérarchie, de subordination, à la différence par exemple du grec ancien, inventeur aussi de la démocratie linguistique. La phrase française ordonne les groupes de mots en noyaux et compléments, les compléments se divisant eux-mêmes en compléments essentiels et compléments non essentiels. Les conjonctions de subordination sont les maires, les préfets, les ministres, d'une phrase bien gouvernée ; dans une entreprise, elles sont l'organigramme échelonnant les N, N+1, N+2, D.G. et P.-D.-G. Au service du noyau de notre univers, les conjonctions de subordination nous permettent de mettre en orbite tous les satellites, c'est le terme employé par nombre de grammaires. Ici se trouve le royaume des *que* de toutes les tailles et de tous les modèles, depuis les *ainsi que*, jusqu'à *tant que* et *vu que*, en passant par *lorsque*, *puisque*, *bien que*, *parce que*, *quoique*. Il faut également y ajouter *si*, *quand*, *lorsque*. Les locutions conjonctives de subordination sont si nombreuses que même Grevisse rechigne à en donner une liste complète et s'abandonne à un *etc.* :

> à cause que, à ce que, à condition que, afin que, ainsi que, alors que, à mesure que, à moins que, après que, à proportion que, à telle enseigne que, au cas que (où), au fur et à mesure que, au lieu que, au point que, aussi bien que, aussitôt que, autant que, avant que, bien que, cependant que, comme quoi, d'autant plus que, d'autant que, de ce que, de crainte que, de (telle) façon que, de (telle) manière que, de même que, de peur que, depuis que, de (telle) sorte que, dès que, durant que, en cas que, encore que, en sorte que, jusqu'à ce que, malgré que, non moins que, non plus que, parce que, pendant que, plutôt que, pour peu que, pour que, pourvu que, quand même, sans que, selon que, si ce n'est que, si bien que, si tant est que, sitôt que, suivant que, surtout que, tandis que, tant que, etc.

Voilà de quoi bâtir bien des mondes, des mondes meilleurs parce qu'ils seront variés. La langue moderne voisine avec l'ancienne, voire la très ancienne dans l'expression *au fur et à mesure*. Quel est ce *fur* ? Faisons connaissance. Il n'a rien à voir avec le *fur* anglais (la fourrure) ni avec le *fur* latin (le voleur), qui nous a laissé *furtif*. Même les plus grands lecteurs ne l'ont jamais rencontré tout seul, il ne sort plus qu'accompagné de sa *mesure*, car *fur* est très vieux. Il existe depuis le Moyen Âge et, s'il s'est si bien conservé, c'est précisément parce qu'il n'est plus employé que dans l'expression depuis la Renaissance. Le *fur* sans mesure vivait au XIIe siècle. Il servait aux commerçants des marchés à mesurer leurs denrées pour en fixer le prix. Il était l'équivalent d'un taux ou d'une mesure, ce qui conduit certains grammairiens à juger que l'expression *au fur et à mesure* est un pléonasme.

Au fur et à mesure des subordinations, la phrase a tendance à devenir lourde, voire peu compréhensible. Il faut le talent de l'écrivain pour arriver à donner du style et de la clarté à une période rhétorique plus longue que deux ou trois lignes. De subordonnée en subordonnée, sans savoir où nous souhaitons aller, nous engendrons des univers si complexes que le noyau initial est parfois submergé par les ajouts : le sens s'effondre dans notre bouche et sous notre plume.

56. Coordination

Partons maintenant au pays d'Ornicar (ou Carnior si vous vivez au Canada) et des conjonctions de coordination. Voici comment Grevisse les définit : « La conjonction de coordination est un mot invariable chargé d'unir des éléments de même statut : soit des phrases ou des sous-phrases, soit à l'intérieur d'une phrase, des éléments de même fonction. » Elles ne peuvent se combiner entre elles et doivent être obligatoirement placées à la charnière des deux membres de phrase qu'elles unissent. Cela conduit nombre de grammairiens, Grevisse inclus, à exclure *donc* qui est adverbe. Donc, il faut apprendre « mais ou est Ornicar ? »

Les conjonctions de coordination, voilà des mots qui ne datent pas d'hier, des mots qui ne posent pas de problème, mais que nous employons souvent mal à propos, comme une vis un peu trop grosse ou au contraire trop fine : en forçant, en faussant, ça tient, mais le résultat est vilain et peu solide. Imaginons que nous construisions un meuble, une maison de la sorte : si nos créations ne s'effondrent pas tout de suite, le premier artisan qui viendra réparer se moquera en disant : « Mais qu'est-ce que c'est que ce travail ! » ou « C'est du bricolage ! » Un travers dont nous rougirions dans les tuyaux sous l'évier, pourtant nous l'admettons sans sourciller dans notre bouche et sous notre plume.

Tous les jours, Ornicar (ou Carnior) est torturé. Qui n'a pas commencé une phrase bille en tête, plantant un *mais* ou un *et*, ce qui est une aberration logique et grammaticale ? Comme leur nom l'indique, les conjonctions de coordination servent à coordonner, donc à assembler : il est illusoire de considérer pouvoir, un jour, attacher une planche à rien. Cette opération, saugrenue dans la vie pratique, est pourtant celle que nous nous autorisons chaque fois que nous commençons une phrase par *mais*. Il existe des langues, le latin notamment, qui ne supportent pas l'absence de liaison (l'*asyndète*), mais le français n'en fait pas partie : si nous commençons une phrase par une conjonction de coordination, c'est que nous souhaitons sous-entendre que cette phrase est liée à une précédente, dans le cadre d'un dialogue par exemple : *Je t'aime. Et toi ?* J'ai le cœur trop tremblant de connaître la réponse pour prendre le temps de formuler : *Je t'aime. Est-ce que tu m'aimes, toi ?*

Piètres artisans que nous sommes, de notre boîte à mots-outils, nous tirons toujours les deux mêmes sortes de clous, *et* et *mais*. À croire qu'il y a eu une gigantesque promotion depuis le XXe siècle et que les prix sont cassés de nos jours. Comme ils ne coûtent rien, nous les employons à tort et à travers. Si *ni* et *ou* sont généralement à leurs places respectives, combien de fois par heure commençons-nous une phrase par *mais*, alors qu'il n'y a aucune objection, restriction ou opposition de quelque sorte ? Dans notre cité mal agencée, les mots prolifèrent, prennent le pouvoir et nous font dire, malgré nous et malgré eux, des paroles que nous ne voulions pas prononcer. Pire, lorsque nous les écrivons, elles restent défectueuses. Nous en oublions l'un des plus jolis termes de notre langue, *or*. Cet *or* est l'enfant de l'expression latine *hac hora*, « à cette heure », il est le frère d'*alors*. Il n'est pas réservé à la logique et aux syllogismes. « Tout homme est mortel, or Socrate est un homme, donc Socrate est mortel » : ceci est un syllogisme, *or* introduit la mineure du raisonnement. *Or*, comme le métal, est précieux, il indique qu'un nouvel élément vient de voir le jour dans le texte ou le discours. Il peut être serti d'un *donc*, ou des désuets *sus* et *ça*. La prochaine fois que notre réunion tarde à en venir au fait, lançons un « Or sus, commençons » : nul doute que l'auditoire sera captivé ! Cessons de répéter *mais* comme un mouton de Panurge et saupoudrons d'*or* notre pensée, elle n'en sera que plus riche.

Et aussi est infiniment précieux. Il contient des subtilités oubliées dans notre langage quotidien. Par exemple, la présence et la place ou non d'une virgule. En règle générale, il n'y a pas de virgule à ajouter lorsqu'il y a *et*. Il remplace la virgule et indique que le dernier terme de l'énumération vient d'être énoncé : *J'aime ton sourire, tes yeux, tes mains et surtout ton corps qui te va si bien* où sourire, mains, yeux, corps sont sur le même plan. L'ordre de l'énumération pourrait tout aussi bien être bouleversé : *J'aime surtout ton corps qui te va si bien, tes mains, tes yeux et ton sourire.*

Glissons une petite virgule et regardons : apparaît alors une nuance, et un mot savant, l'*hyperbate*, qui pourrait aussi se dire une « excroissance » car tel est le sens étymologique du terme : *J'aime ton sourire, tes yeux, tes mains, et surtout ton corps qui te va si bien*. Le dernier segment de la phrase est une hyperbate. Dans l'énumération, *et surtout ton corps* est à part et a une valeur particulière. Une minuscule virgule a infléchi le sens de toute la phrase. En isolant *ton corps qui te va si bien*, elle a dessiné une chambre à part.

Traçons encore deux virgules de plus : nous sculptons une incise, deux petites entailles autour d'un mot : *J'aime ton sourire, tes yeux, tes mains, et, surtout, ton corps qui te va si bien*.

Si la liste est trop longue, que nous souhaitons le suggérer, et que cette profusion nous déborde et nous séduit, il suffit de placer un *et* devant chaque terme : *J'aime et ton sourire, et tes yeux, et tes mains et surtout ton corps qui te va si bien*. Lorsqu'au contraire ce débordement nous lasse ou nous agace, c'est le moment de nous munir de *etc.* qui accepte toutes les ponctuations mais jamais ne se prononce « excetera ».

Grammairiens et philologues sont tellement amoureux des mots que nous les imaginons difficilement amoureux d'hommes ou de femmes. *Car* nous montre qu'il n'en est rien, car la dernière conjonction de coordination a été sauvée par amour. Au XVIIe siècle, Catherine de Rambouillet est une Précieuse, une femme savante, qui attire tous les beaux esprits dans son salon littéraire et qui fait battre le cœur de Vincent Voiture, l'un des premiers académiciens. Vincent est fou d'amour pour Catherine, Catherine ne l'aime pas et se moque souvent de lui, de sa petite taille notamment. Même à l'époque de Racine et de Corneille, il y a des chagrins d'amour ordinaires. Combien d'entre nous sont partis à l'étranger pour oublier une peine de cœur et combien avec l'espoir secret que l'autre nous y rejoigne ? Vincent passe une grande partie de sa vie à voyager, en France et à l'étranger, continuant cependant à écrire des lettres convenables et raffinées à Mme de Rambouillet, ne ratant pas un prétexte pour garder le lien et signifier sa flamme, car à l'évidence il est resté amoureux de Mme de Rambouillet toute sa vie. Quand elle lui écrit pour lui demander d'empêcher que l'Académie supprime *car*, l'occasion est trop belle pour Voiture de se faire valoir auprès de celle qu'il aime. Dans une lettre d'amour et de grammaire, il écrit à Mme de Rambouillet en 1637 :

> En un temps où la fortune joue des tragédies par tous les endroits de l'Europe, je ne vois rien si digne de pitié, que quand je vois que l'on est prêt de chasser et faire le procès à un mot qui a si utilement servi cette monarchie, et qui, dans toutes les brouilleries du royaume, s'est toujours montré bon François. Pour moi, je ne puis comprendre quelles raisons ils pourront alléguer contre une

diction qui marche toujours à la tête de la raison, et qui n'a point d'autre charge que de l'introduire. Je ne sais pour quel intérêt ils tâchent d'ôter à *car* ce qui lui appartient pour le donner à *pour ce que*, ni pourquoi ils veulent dire avec trois mots ce qu'ils peuvent dire avec trois lettres. Ce qui est le plus à craindre, mademoiselle, c'est qu'après cette injustice, on en entreprendra d'autres. On ne fera point de difficulté d'attaquer mais, et je ne sais si *si* demeurera en sûreté. De sorte qu'après nous avoir ôté toutes les paroles qui lient les autres, les beaux esprits nous voudront réduire au langage des anges, ou, si cela ne se peut, ils nous obligeront au moins à ne parler que par signes. Certes, j'avoue qu'il est vrai ce que vous dites, qu'on ne peut mieux connoître par aucun exemple l'incertitude des choses humaines. Qui m'eût dit, il y a quelques années, que j'eusse dû vivre plus longtemps que *car*, j'eusse cru qu'il m'eût promis une vie plus longue que celle des patriarches. Cependant, il se trouve qu'après avoir vécu onze cents ans, plein de force et de crédit ; après avoir été employé dans les plus importants traités, et assisté toujours honorablement dans le conseil de nos rois, il tombe tout d'un coup en disgrâce et est menacé d'une fin violente. Je n'attends plus que l'heure d'entendre en l'air des voix lamentables, qui diront : « Le grand car est mort, et le trépas du grand Cam ni du grand Pan ne sembleroit pas si important ni si étrange. »

Dans sa longue réponse, M. Voiture prend la défense du *car* et de lui-même :

J'avoue, mademoiselle, qu'il est juste de le défendre. Mais vous deviez avoir soin de moi aussi bien que de lui, afin que l'on ne vous reproche pas que vous abandonnez vos amis pour un mot.

Quand Voiture écrit à Mme de Rambouillet, il est inspiré par l'amour d'une femme pour un mot et celui de la langue. C'est grâce à cette passion pour un simple terme et grâce à la passion d'un homme pour cette femme que le mot *car* a survécu jusqu'à nous et c'est tant mieux. Il ajoute une couleur importante à notre palette de mots, la couleur de soi, la couleur du sujet de sa subjectivité. *Car* introduit non une cause (à la différence de *parce que*) mais une justification, subjective : *car* met un peu de notre chair, un peu de nous, dans nos phrases. Par conséquent, il est une conjonction de coordination : il ajoute à un premier segment de phrase la pensée de son auteur, il ne la subordonne pas. La différence entre *car* et *parce que* ou *puisque* est devenue minuscule et nous ne l'entendons plus guère entre *Car je t'aime* et *Parce que je t'aime* ; pourtant il ne tiendrait qu'à nous de la réactiver, *car tel est notre bon plaisir*.

57. *Oui*, *non*, *zut*

C'est l'histoire d'un Peul. Il s'appelle Addi et il est policier. Précisons du récit qui va suivre qu'il est inspiré par une anecdote relatée par le très sérieux linguiste Joseph Vendryes dans *Le Langage, introduction linguistique à l'histoire*.

Sur le bord d'une route en Afrique, Addi voit un malheureux touriste en sueur, essayant péniblement de changer la roue de sa voiture. Comme le touriste semble inquiet, il lui dit en plaisantant « Mi warala ». Le soir, le touriste raconte l'aventure et un de ses hôtes lui explique que la phrase signifie : « Je ne vais pas te tuer. » Amusé, le touriste décide de faire un cadeau au policier pour le remercier. Le lendemain, Addi aperçoit l'homme marcher en direction du commissariat. Lorsqu'il entre à son tour, le touriste le pointe du doigt et s'exclame : « *Mi warala, mi warala.* » Immédiatement, les policiers entourent l'étranger. Addi le menotte et le touriste passe la journée et la nuit au poste pour menace de mort.

Pour qui n'est familier ni de la langue peule ni des livres de Joseph Vendryes, voici l'explication : en langue peule, c'est l'intonation de la voix qui détermine si une phrase est affirmative ou négative. *Mi warala* peut par conséquent signifier « Je vais te tuer » ou « Je ne vais pas te tuer ». Voilà qui en déconcertera plus d'un, mais c'est pourtant la vérité de quarante millions de personnes environ.

Affirmer ou nier sont des opérations linguistiques universelles : à ce jour, il n'y a pas de langues connues qui n'aient un système de négation. *Oui* et *non* nous servent à gouverner notre vie, du plus microscopique des événements au plus grand, qu'il s'agisse d'une demande en mariage, le *oui* par excellence, ou du choix de résister. Contrairement à l'histoire d'Addi, nous ne risquons pas d'y laisser notre peau, mais de la changer, de la renouveler, insensiblement ou par grande révolution. Ce mouvement naturel est celui qui nous définit et qui fait que notre chemin, notre ligne de vie, est unique.

Pourtant, combien de fois avons-nous redouté de dire *oui*, combien de fois avons-nous eu peur de dire *non* ? N'avons-nous pas senti cette inquiétude infime, passagère mais pénible, cette mini-torture ? Qui d'entre nous ne s'est pas replié dans la zone inconfortable du sacrifice, accepter ou refuser non pour soi mais pour les autres ? Au travail, ce jeu de « ni oui ni non » est quotidien et, à la maison, à nos enfants également, nous n'aimons pas dire « non », et eux non plus. Affirmer, nier sont deux opérations universelles, les deux pôles de la boussole intérieure destinée à nous permettre de guider nos vies, et pourtant affirmation et négation sont difficiles. Il y a mille livres, des milliers de coachs et conseillers, cent mille sites, proposant une aide personnalisée ou une méthode radicale pour apprendre à dire « non ». Il ne faut pas être négatif, mais il ne faut pas être un béni-oui-oui, un *yesman* dans le vocabulaire plus récent. Le moindre choix prend des allures solennelles voire, comme dans l'histoire d'Addi, devient une question de vie ou de mort. Il suffit pourtant de se plonger dans une grammaire française.

58. Pour un oui ou pour un non

Griots de la grammaire, remontons aux origines, avançons-nous dans les bois obscurs du passé. Arrêtons-nous au XIIIe siècle, au temps des cathédrales, des croisades, des guelfes et des gibelins. Parallèlement sont bâties des cathédrales de mots dans les différentes langues. Devant cette divine comédie, le poète Dante classe les groupes linguistiques selon leur manière de dire « oui ». Le pays des *si* est l'Italie, *oc* délimite le midi de la France. *Oc* est ce qu'il est resté du latin *hoc est*, littéralement : « C'est cela, oui ! » Il est touchant de penser que lorsque nous abrégeons *okay* en *OK*, nous rendons un hommage involontaire à ceux qui ont peuplé ce pays avant nous. Le Languedoc est donc « le pays où l'on dit *oui* » et il a donné le jour à l'un des deux auteurs de ce livre. L'autre est né au pays d'*oïl*, qui ne se prononce ni comme poil ni comme gasoil, mais *o-il*, le *hoc* latin étant renforcé par le pronom personnel *il*. Quant au *non*, il s'est d'abord prononcé *nan*, *nen*, parfois renforcé en *nenni* avant de redevenir *non*, *ne* quand il n'est pas accentué dans la phrase. Ce *ne*, si discret, souvent réduit à un simple *n'*, est en réalité très puissant : c'est lui qui a le privilège étourdissant de créer la négation.

« Je suis l'esprit qui toujours nie, et c'est avec justice : car tout ce qui existe est digne d'être détruit », se présente Méphistophélès dans *Faust* de Goethe. Ce diable se glisse, comme il se doit, dans les détails. Il aime à jouer des tours, notamment dans les doubles négations : *Vous n'êtes pas sans ignorer* signifie seulement et uniquement *Vous ne savez pas.*

Le tour le plus diabolique est sans doute le *ne* dit « explétif ». « Explétif » signifie qu'il ne sert à rien, et pourtant il est plus correct d'écrire : *J'ai bu plus qu'il ne faudrait* que *J'ai bu plus qu'il faudrait.* Pour certaines tournures, exprimant le doute ou la crainte, le *ne* explétif peut avoir une logique étymologique ou historique. Dans le cas cité, il n'y a aucune raison à employer *ne.*

En français, ce diable est si discret que, pour le rendre plus visible, nous lui ajoutons un acolyte. Ces suppôts de Satan s'appellent *pas*, *point*, *plus*, *goutte*, *rien* et *guère.* Ils appartiennent à l'espèce des mots creux ou des mots vides car nous ne voyons plus leur sens originel. Pourtant, le *pas* de « pas vu, pas pris » est le même que celui que nous faisons, pas à pas, pour nous déplacer. Le *point* est identique à celui qui sert à tracer des droites ou à finir une phrase. La *goutte* n'est pas différente de celle qui fait déborder le vase ou tombe du ciel les jours de pluie. *Il ne marche pas*, *Elle ne voit point*, *Elle ne boit goutte*, seraient les expressions exactes avant que le sens ne tombe aux oubliettes. Il existait aussi *miette* et *mie* et, dans les temps anciens, nous ne mangions miette lorsque sévissait la disette. Quand ni la mie, ni la miette, ni le pas, ni le point, ni la goutte n'étaient exacts, restait « la chose », *res* en latin, qui a donné *rien* et, si « la chose » pouvait parler, elle était alors *personne*, du latin *persona*, le masque anonymisant l'acteur. *Guère* vient quant à lui d'un mot en ancien francique qui signifiait *beaucoup* (voir le point 28).

59. Qui nie qui et qui nie quoi ?

Une négation peut être totale, partielle ou exprimer un manque, une absence. Cette ambiguïté la rend effrayante car propice à la confusion. Est-ce la conséquence du dualisme de notre époque, toute en *J'aime / J'aime pas*, *Bien / Mal* ? Nous fonctionnons comme des circuits électriques *On / Off* dont la seule échappatoire est de disjoncter. Nous avons tendance à considérer que *oui* et *non* sont éternels, comme si ni le temps, ni la quantité, ni la nuance n'entraient en jeu. Confondant l'absolu et le relatif, nous sommes terrifiés par l'inéluctable. Nous voici propulsés, enfermés dans une perpétuelle cellule de crise, face à des boutons aptes à déclencher une guerre nucléaire et grammaticale. C'est que nous associons fallacieusement la négation logique à la négation linguistique ou simplement humaine.

En logique, une négation est absolue et intemporelle. Elle est un grand trait tracé sur ce qui vient d'être dit ou écrit et l'invalide. Dans la langue, une telle négation existe, elle est même existentielle, il s'agit d'une négation totale : *être*, *ne pas être*. Toutes les négations ne sont pas aussi shakespeariennes. La plupart du temps, elles ne sont que partielles et nous l'avons oublié.

Les grammairiens à ce propos évoquent la portée de la négation et sa *scalarité*, un mot savant pour dire d'une chose qu'elle peut être graduée. Celle-ci permet de mesurer les divers degrés d'une restriction : *Je ne bois guère plus que du rouge* signifie que je bois aussi de l'eau de temps en temps ; *Je ne bois rien d'autre que du champagne* est exclusif, et plus difficile à satisfaire. Parfois la restriction ne concerne qu'un mot de la phrase et le français nous propose alors des suffixes privatifs comme *in-* ou *a-* : *Elle est incontrôlable*, *il est atone*.

Enfin, nous aimons en français, un peu comme en peul, deux façons particulières d'affirmer et de nier, fondées sur le dialogue, l'intonation, la connivence et, finalement, une forme d'amitié. Il s'agit de l'antiphrase et de l'ironie. Certes, ces deux procédés existent dans d'autres langues, mais ils sont notre « marque de fabrique ». Avec un tout petit peu de talent de part et d'autre, lorsque nous voulons dire « Je t'aime », nous pouvons dire : « Va, je ne te hais point. » Et lorsque nous sommes furieux, « Ah bravo ! » pour signifier à notre interlocuteur que nous ne le félicitons pas, mais alors pas du tout.

Pourquoi avoir peur ? La grammaire nous offre mille façons de dire « oui », ou « non », sans heurts, sans regret et avec des nuances.

60. Les liaisons

Les mots entretiennent entre eux des liaisons amoureuses. Parfois, la consonne finale – qui ne se prononce pas – se lie à la voyelle, première lettre du mot qui suit : *Je vous_aime*, *Nous Nous_aimons*, *Ils_aiment*, *Vous_aimez*… Telle une pointe de piment qui excite notre langue, elles font naître de nouvelles syllabes.

Une fois encore, des règles de grammaire et des exceptions peuvent être brandies, mais c'est l'usage qui prime quant à l'utilisation des liaisons. L'intimité que nous entretenons avec le français permet de savoir si la liaison doit, ou ne doit pas, être faite. Nous ne réfléchissons pas pour savoir s'il faut dire : « Et il est venu » ou « Et_il est venu ». Notre langue est une chanson dont nous connaissons la musique sans qu'il soit nécessaire d'en maîtriser le solfège.

La liaison se forme avec les articles et tous les types de déterminants, démonstratifs, possessifs, cardinaux, indéfinis ou encore exclamatifs : *Un_amour*, *Mon_amour*, *Ses_amours*, *Trois_amours*, *Aucun_amour*, *Quel_amour !* Elles ne sont pas permises, entre autres, devant un groupe verbal : nous ne disons pas « Quelqu'un_est entré dans mon cœur » ; ni « Les amants_arrivent main dans la main ».

Notre langue a beau avoir la peau dure, elle rejette les cuirs : *cuir*, c'est ainsi que s'appellent les liaisons improbables, interdites, ou honteuses : *Comment_as-tu supporté quatre-z-amours ?* Les cuirassiers blessent la langue par ces liaisons douteuses. Au XIXe siècle, Vidocq, bagnard puis policier, est auteur d'un *Dictionnaire argotique* et d'ouvrages dans lesquels il manie le parler populaire. En 1844, dans *Les Vrais Mystères de Paris*, il évoque un personnage à la langue bien et mal pendue : « Comme il saupoudrait souvent ses harangues d'une infinité de liaisons dangereuses, ses auditeurs, à cette époque, l'avaient surnommé le *Cuirassier* ou le *Tanneur*... » Voilà de quoi mettre une tannée à Pierre Choderlos de Laclos, grâce à qui la langue française s'est enrichie de liaisons dangereuses. Dès qu'il est question de *h*, il est difficile de trancher. La règle est pourtant simple : si le *h* n'est pas aspiré, la liaison est possible ; s'il l'est, nous devons nous en tenir à une stricte séparation. Nous sommes_heureux de le savoir pour manger des *haricots* ou des *homards*, voire un *hanneton* ou un *hérisson*. Pourquoi de telles différences entre les mots en *h* ? Disons que le *h aspiré* trouve ses origines dans la langue germanique, sans liaison, et que le *h muet* vient du monde latin, avec liaison. L'importance de respecter le *h aspiré* devient une évidence quand des *hommes*, des *héros*, se présentent l'*habit* à la main (voir le point 4 sur les lettres muettes).

61. *Y a-t-il ?*

Y a-t-il plusieurs manières d'écrire *y a-t-il* ? D'ailleurs, pourquoi un *t* se glisse-t-il soudain dans l'interrogation, puisque la réponse appelle *il y a* ? La grammaire française est adepte des lettres muettes, le *e* en étant la vedette, mais elle nécessite parfois des lettres euphoniques (voir le point 4 sur les lettres muettes). Quand deux voyelles se suivent, il est bon de placer une consonne pour faciliter la prononciation. Dès lors s'ouvre une farandole de questions sur les liens qui unissent ces lettres : l'apostrophe, l'espace ou le tiret.

Y a t il est laid et nous éviterons de prendre le *t* avec un nuage de laid.

Y a-t'il est tentant, car il rappelle l'apostrophe d'élision que l'on retrouve dans *Je t'aime*. L'élision permet d'éviter l'horrible proximité de deux voyelles, « Je te aime », bien difficile à prononcer, quand l'amour demande une voix claire. Dans *y a-t-il*, le *t* n'est pas une élision, pas même une illusion.

Y a t-il peut séduire, mais il n'est pas correct car la grammaire française demande – et nous respectons ses désirs, que le *t* euphonique soit entouré de tirets : *Y a-t-il*, voilà comment se construit l'interrogation et uniquement ainsi.

62. Quand les phrases s'embrassent

Maîtresse, embrasse-moi, baise-moi, serre-moi, *(A)*
Haleine contre haleine, échauffe-moi la vie, *(B)*
Mille et mille baisers donne-moi je te prie, *(B)*
Amour veut tout sans nombre, amour n'a point de loi. *(A)*
Baise et rebaise-moi ; belle bouche pourquoi *(A)*
Te gardes-tu là-bas, quand tu seras blêmie, *(B)*
À baiser (de Pluton ou la femme ou l'amie), *(B)*
N'ayant plus ni couleur, ni rien semblable à toi ? *(A)*
En vivant presse-moi de tes lèvres de roses, *(C)*
Bégaie, en me baisant, à lèvres demi-closes *(C)*
Mille mots tronçonnés, mourant entre mes bras. *(D)*
Je mourrai dans les tiens, puis, toi ressuscitée, *(E)*
Je ressusciterai ; allons ainsi là-bas, *(D)*
Le jour, tant soit-il court, vaut mieux que la nuitée. *(E)*

Chez Ronsard, l'art du sonnet tient dans ses rimes embrassées qui trinquent pour partager des vers. À l'âge du premier baiser, nous avons appris qu'un sonnet se compose de deux quatrains (de quatre vers chacun) et de deux tercets (de trois vers chacun), selon le schéma ABBA-ABBA-CCD-EDE. Cet ordre a été proposé au XVIe siècle par Jacques Peletier, d'où le « sonnet type Peletier ». Auteur de *L'Art poétique* en 1555, Peletier défend une haute conception du français et des lettres antiques. C'est à son initiative que deux rimes se sont embrassées, comme deux *dancing queens – mamma mia !* –, selon le rythme précis édicté par Peletier : ABBA. Quant aux tercets, leurs étreintes sont plus complexes : c'est céder, euh, des œufs… CCD EDE. Jacques Peletier est l'un des sept poètes de la Pléiade, avec Ronsard, du Bellay, Étienne Jodelle, Pontus de Tyard, Jean-Antoine de Baïf, Rémy Belleau. Sept comme les samouraïs de Kurosawa ou les nains de Blanche Neige, ils portent aux nues la langue française, qu'ils magnifient et qu'ils défendent. La liberté poétique pourrait sembler refrénée par des règles stylistiques, tout comme la grammaire est parfois présentée comme un carcan par ceux qui refusent de s'y soumettre. Il n'en est rien. Le 18 février 1860, Charles Baudelaire écrit à Armand Fraisse, qui a donné un compte rendu élogieux des *Fleurs du mal*, paru trois ans plus tôt. Le poète écrit :

> Parce que la forme est contraignante, l'idée jaillit plus intense. Tout va bien au sonnet : la bouffonnerie, la galanterie, la passion, la rêverie, la méditation philosophique. Il y a, là, la beauté du métal et du minéral bien travaillés. Avez-vous observé qu'un morceau de ciel aperçu par un soupirail, ou entre deux cheminées, deux rochers, ou par une arcade, donnait une idée plus profonde de l'infini que le grand panorama vu du haut d'une montagne ?... Quant aux longs poèmes, nous savons ce qu'il en faut penser : c'est la ressource de ceux qui sont incapables d'en faire de courts.

Les rimes embrassées et les règles de grammaire apportent des contraintes, de celles qui nous font aimer notre langue. Sans entrave, il n'y a ni liberté ni plaisir.

63. Antonomase, enfant de l'amour

Antonomase n'est pas un moine byzantin, même si ses origines sont grecques, de *anti*, « contre », et *onoma*, « le nom ». L'antonomase consiste à changer un nom propre contre un nom commun, ou l'inverse. Il s'agit d'un trope, une figure de style et, pour en finir avec les mots savants, la science qui les étudie s'appelle la « déonomastique ». À ces mots intrigants correspondent pourtant des réalités aussi quotidiennes que se servir d'un verre d'eau au *robinet* après avoir fait l'amour avec un *apollon*, une *vénus*, un *satyre*, une *mégère* ou un *hermaphrodite*.

Une antonomase met des visages et des costumes d'époque sur notre quotidien. Elle nous fait remonter la chronologie, bien avant l'existence de notre langue, jusqu'à Mathusalem et la nuit des temps, puisque les premières antonomases sont issues de l'Ancien et du Nouveau Testament : le premier benjamin, paradoxalement le plus vieux, est Benjamin, le fils de Jacob ; le premier à vagir dans un moïse – une corbeille d'osier qui sert de berceau – fut Moïse ; et le premier traître à laisser son nom s'appelle Judas. Il fut un temps où le Calvaire et le Golgotha formaient une jolie colline fleurie, de croix, qui nous a laissé le très étrange, et peu employé, verbe *golgother*, signifiant « souffrir ». Si Sodome a brûlé dans les flammes et Capharnaüm fut détruite par un tremblement de terre, les deux cités prennent encore grand plaisir à mettre du désordre dans nos propos.

L'antonomase passe incognito dans les programmes scolaires, qui l'évoquent pourtant : quand il s'agit d'en citer deux, nous répondons tous *poubelle* et *sandwich*. Rappelons le dilemme cornélien – tiens ! une antonomase tragique – de John Montagu, comte de Sandwich : jouer aux cartes ou se sustenter. Pour assouvir sa passion et sa faim, il aurait eu l'idée de se nourrir de tranches de bœuf glissées dans du pain, ce qui, pour un aristocrate anglais du XVIIIe siècle, semble un mets sommaire. L'histoire ne dit pas s'il a gagné, mais en tout cas, il s'est fait un nom et rend service aux *gamers* frénétiques ainsi qu'aux employés stakhanovistes à la pause déjeuner. Souvent, la vie d'un sandwich se termine dans une poubelle, passant ainsi d'une antonomase à une autre. Poubelle est le préfet ayant mis en place le système de ramassage des ordures parisien. *Stricto sensu*, il est plus l'inventeur de la politique de tri que du récipient à couvercle dont tous les propriétaires parisiens doivent faire bon usage, car l'ordonnance Poubelle de 1883 stipule de dissocier le verre, le papier et les ordures. Si Poubelle est devenu une antonomase, c'est bien malgré lui, car ce sont les chiffonniers de Paris, mis sur la paille par la mesure, qui ont nommé l'objet du nom du préfet. Dans le même registre politico-sanitaire, les *vespasiennes* ont pour origine l'empereur Vespasien, qui établit un impôt sur la collecte d'urine au Ier siècle de notre ère. Ils sont ainsi des centaines dans notre langue, les noms propres qui sont devenus des noms communs.

64. Cupidon, Psyché, Volupté

Il faut rendre à César ce qui est à César, le plus grand nombre d'antonomases vient de l'Antiquité, avec César au premier chef, antonomase prolifique dès le berceau puisque sa mère, en accouchant, donna également naissance au mot *césarienne*. Au Panthéon des célébrités historiques, se trouvent aussi les *messalines*, les *mécènes*, quelques *alexandres* mais malheureusement pas de *cléopâtres*. Les Anciens étaient si féconds en antonomase qu'ils la pratiquaient même à l'envers. Ainsi, quand *Éros*, Amour, rencontre son âme sœur, *Psyché* (l'âme comme principe de vie), il lui donne pour enfant *Volupté*. Ici, c'est le mot qui donne naissance à un dieu. Échappées de la mythologie, de l'histoire et de la littérature, les antonomases antiques se posent sur les pages des dictionnaires à des époques diverses. Comme un cycle de réincarnation, ces âmes ont des vies différentes. Psyché, par exemple, devient à partir du XIXe siècle un grand miroir où l'on se voit de pied en cap – jusqu'à l'âme, donc, belle comme Psyché – selon la jolie étymologie proposée par Mozin et Biber dans leur *Nouveau Dictionnaire complet à l'usage des Français et des Allemands* de 1812. Au XXe siècle, après avoir été un papillon et une planète, Psyché s'allonge sur un divan, celui du psychanalyste. De même, Atlas cesse d'être uniquement le titan portant le monde sur ses épaules au XVIe siècle, lorsque le géographe Mercator décide d'orner le frontispice de son manuel de cartographie du géant aux vastes épaules. Grâce aux progrès de la médecine, sans être d'une force herculéenne, nous portons tous un atlas en nous, puisque tel est également le nom de la première vertèbre cervicale qui a la lourde tâche de porter notre tête. De même, nul besoin d'être sur un champ de bataille armé du bouclier de Jupiter pour nous placer sous l'égide d'un puissant, ou bien pour devenir l'égérie d'un grand homme, comme la nymphe Égérie qui conseilla le roi romain Numa Pompilius.

L'Antiquité est tenue en si haute estime que le nom commun recouvre une réalité plus sympathique que le nom propre. Il est sans conteste préférable de se laisser charmer par une sirène de nos jours, que de se retrouver, comme Ulysse, face aux Sirènes mythologiques, repoussantes et effrayantes créatures mi-femmes mi-oiseaux, dotées de griffes acérées. De même, les plus odieuses harpies et mégères contemporaines n'arriveront jamais à la cheville variqueuse de leurs antiques modèles, leurs *mentors* en quelque sorte, du nom du centaure qui éduqua Achille. Mégère est une Furie, la haine personnifiée. Les harpies sont à peu près aussi affables que les Sirènes, sauf qu'elles ne savent pas chanter, mais caquètent et harcèlent sans relâche. L'odyssée des mots antiques se poursuit dans le temps et dans l'espace jusqu'à l'infiniment grand des planètes, de la voie lactée et des étoiles, jusqu'à Vulcain, Neptune et le Centaure. Puis elle redescend sur terre, gracieusement, sous la forme de délicates fleurs, dont l'orchidée et le narcisse sont les emblèmes les plus connus. La faune, du dieu Faunus, et la flore, de la déesse Flora, regorgent de divinités faites mots, de satyres un peu pervers, de priapes très verts, de bacchantes débridées, mais aussi d'adonis, qui est à la fois un beau papillon bleu et une fleur écarlate, ou de tétons de Vénus, des pêches à la chair si savoureuse.

65. Voyage autour des mots

L'histoire de l'antonomase nous fait voyager plus loin que Rome et Athènes. Avec elle, nous pourrions écrire un atlas des mots tant elle nous fait voyager. Nous rencontrons le chef indien See-Quayah, qui représenta le peuple Cherokee à Washington et qui a donné son nom au plus grand arbre du monde, le séquoia. L'Indien côtoie le Grec quand les botanistes nomment le séquoia « hypérion », l'arbre le plus haut du monde. Nous allons aux Indes, dans le Cachemire, quand nous nous réchauffons dans un pull de cachemire, et à Bolduc, aux Pays-Bas, au moment de faire un paquet cadeau. Nous voyageons jusqu'au Japon en compagnie du père jésuite Camel, qui ramena, au XVIIe siècle, non des cigarettes, mais le magnifique camélia, de même que le bougainvillier doit son nom au navigateur Louis-Antoine de Bougainville. Beaucoup plus tard, l'antonomase nous fait fantasmer sur les hanches chaloupées des femmes en bikini des îles. Les hommes passent, les mots restent. Aujourd'hui, le nom commun est bien plus célèbre : peu pensent au père Clément en épluchant une clémentine, ni à Michel Bégon, intendant de Saint-Domingue au XVIIe siècle, en arrosant ses bégonias.

L'antonomase nous fait rencontrer des femmes et des hommes d'exception, des dugazons et des mimi pinsons, des alexandres et des napoléons, deux nobles pervers – Donatien, marquis de Sade, et Leopold von Sacher-Masoch – et beaucoup d'inventeurs de génie, parmi lesquels Watt, Joule, Pascal, Ampère, Barême et même un Dalton, John, qui le premier mit un nom, le sien, sur le daltonisme.

66. Perdre sa majuscule pour devenir commun et éternel

Si notre grammaire fait de nous des sorciers capables d'évoquer les grands hommes du passé par le seul pouvoir de leur nom, c'est parce qu'elle est elle-même un livre de magie, un grimoire, mot qui dérive précisément de *grammaire*. Elle nous fait danser aux accents plaintifs du saxophone, inventé par Sax, au trémolo du stradivarius et au son nasillard du bigophone, étonnant cornet de carton aux formes les plus diverses. Elle nous rend des services quotidiens, nous nourrit sur le pouce, conserve nos produits frais grâce au frigo, coupe notre viande à l'opinel et au laguiole, nous permet de ne rien oublier grâce au calepin et rend les routes praticables avec l'Écossais MacAdam.

L'antonomase nous fait voyager dans l'histoire française, dans la France médiévale, à la claire fontaine du village. L'embout de la fontaine est orné d'un mouton, comme la plupart des fontaines. Les bêtes sont les animaux de compagnie et les villageois leur donnent des petits noms, un peu comme nous disons « Minou » pour les chats et « Mirza » pour les chiens : la vache est « la doucette », la brebis « la blanchette » et le mouton « le robin ». Comme l'eau jaillit de la tête d'un mouton, celui-ci prend le nom de « robinet ». Nous bondissons jusqu'à la Renaissance lorsque l'imprimeur Guillaume donne son nom aux chevrons, ou guillemets français. Elle nous fait redécouvrir les débuts de la monarchie absolue, avec la première maîtresse de Louis XIV, Catherine Bellier, dite Cathau la Borgnesse, qui lui laissa sans doute de bons souvenirs et laissa à la langue française le mot *catin*. L'antonomase nous amène à la fin de la monarchie, lorsque les humoristes se moquent du ministre des Finances de Louis XV, Étienne de Silhouette, piètre dessinateur et piètre argentier. Avec la guillotine, nous abordons le chapitre tranchant des antonomases létales. Suivent le colt, le chassepot, la kalachnikov, le browning et le lebel, le fusil à répétition introduit par Nicolas Lebel, fusil qui tua beaucoup d'ennemis entre 1886 et 1939. Durant la Première Guerre mondiale, le maréchal Joffre consigne à Limoges les officiers jugés incompétents et il opère ainsi le premier limogeage. Les poilus sont chaussés grâce à Alexis Godillot, les élégants sont coiffés grâce à Antoine Gibus et même à Simon Bolivar, lesquels ont laissé leur nom à un type de haut-de-forme.

L'antonomase nous fait voyager aussi dans la littérature, où nous saluons un gavroche, le garçon des rues imaginé par Victor Hugo ; elle assaisonne d'une pincée de l'humour de Molière nos récriminations, lorsque nous nous plaignons de l'avarice d'un harpagon, de l'hypocrisie d'un tartuffe ou de l'inconstance d'un don juan. Elle fait battre le cœur avec Cervantès, d'amour devant la belle Dulcinée, d'épouvante devant la servante Maritorne. Quand nous mettons un pantalon pour nous asseoir devant un guéridon, nous rendons hommage à deux personnages de la farce italienne, Pantalon, qui portait un costume long, et Gueridon, non qu'il prît toutes les formes, tel un Barbapapa, mais l'unique pied tenant la table était souvent orné d'un personnage grimaçant ressemblant au personnage de comédie. Enfin, l'antonomase nous fait rêver à des amours romanesques si nous cédons au bovarysme.

Parfois, c'est le nom du lieu voire le voyage en lui-même qui passe à la postérité. Ainsi, des paris-brest, en forme de roue de bicyclette comme la course qui passait devant la boutique du pâtissier qui les a inventés, du moka, des havanes, et de tant d'autres douceurs du même tabac. Au chapitre gustatif, il faut ajouter la savoureuse liste des vins et fromages, des camemberts de Camembert, du brie, du roquefort, du champagne, du falerne et du gorgonzola, mais pas de la mozzarella, qui vient du participe *mozzata*, « coupée », sans oublier la béchamel de Louis Béchameil, le savarin de Brillat-Savarin et la petite madeleine de Madeleine Paulmier.

67. Comment faire un à plusieurs

Les difficultés liées à l'antonomase sont la majuscule, le genre et le nombre. Les rhétoriciens, les grammairiens, les poéticiens ont écrit maintes pages à ce propos, car l'antonomase est à la fois simple et subtile. Entre le créateur et sa créature, entre le nom propre et le nom commun, c'est le corps à corps, l'attraction fatale et l'impossible fusion car il y en a toujours un qui l'emporte sur l'autre. Ainsi, François Barrême a disparu des mémoires au profit de son barème, de même pour Étienne de Silhouette, qui en a profité pour changer de genre. Leur cas est réglé : sauf à faire allusion au personnage historique, ils ont tous les attributs du nom commun, l'article, la minuscule et le *s* au pluriel. La métamorphose est, si nécessaire, scellée par un tiret, comme dans *saint-honoré* et *reine-claude*. D'autres n'ont pas encore achevé leur transformation, ils sont encore proches du nom propre. Par conséquent, ils gardent une majuscule et ne prennent pas de *s* au pluriel : nous connaissons des Rastignac de la vie mondaine et des Mozart égyptiens, mais ils n'arrivent pas à la hauteur des originaux. Certains hésitent encore, gardant la majuscule mais acceptant le *s*, comme les Césars, les Alexandres et toutes les dynasties, des Achéménides aux Windsors (voir le point 18 sur le pluriel des noms). D'autres en profitent pour introduire de subtiles nuances : un Narcisse admire son reflet le matin en se rasant, le narcisse pousse au bord de l'eau et fleurit au printemps. Tous donnent une âme à notre langue.

68. Me voicy devenu Grammairien

Nous sommes tous plus ou moins grammairiens et, pire encore, nous parlons latin, même sans le savoir ! Montaigne le constate au XVIe siècle, dans ses *Essais* :

> Me voicy devenu Grammairien, moy qui n'apprins jamais langue, que par routine ; et qui ne sçay encore que c'est d'adjectif, conjunctif, et d'ablatif : Il me semble avoir ouy dire que les Romains avoient des chevaux qu'ils appelloient *funales*, ou *dextrarios*, qui se menoient à dextre où à relais, pour les prendre tous fraiz au besoin : et de là vient que nous appellons destriers les chevaux de service.

Est-il nécessaire de maîtriser la grammaire pour avoir des choses à dire ? Sans doute pas, infinie question du fond et de la forme. Montaigne s'interrogeait sur la place qu'il faut accorder à la grammaire quand il écrit ses *Essais*, au siècle où le français devient la langue à utiliser pour les actes administratifs. Montaigne se réfère au grammairien Diomède, qu'il écrit « Diomèdes », non pas comme s'il était plusieurs, mais pour rappeler le sigma grec de *Diomēdes* qui, bien que latin, était appelé Διομήδης par les Grecs. À l'heure où les poètes défendent et illustrent la langue française, Montaigne écrit :

> Quand serai-je à bout de représenter une continuelle agitation et mutation de mes pensées, en quelque matière qu'elles tombent, puisque Diomèdes remplit six mille livres, du seul subject de la grammaire ? Que doibt produire le babil, puisque le begayement et desnouement de la langue estouffa le monde d'une si horrible charge de volumes ! Tant de paroles pour les paroles seules !

69. Conclusion

Avec des mots, nous bâtissons notre vie, nous créons des univers et, si cela nous chante, nous partons dans le passé. Nous ressuscitons lord Sandwich et Cupidon, le foudre de Jupiter et le coup de foudre, pour nous élancer vers de nouveaux horizons. Nous retournons dans le futur en colonisant la planète Marseille ; nous décrochons la Lune pour la baigner dans une rivière : *Carmina vel cælo possunt deducere lunam* : les vers de Virgile peuvent tout aussi bien décrocher la Lune, au Ier siècle de notre ère comme aujourd'hui. En son temps, les poètes sont des devins, des messagers de la parole divine que leur donnent les Muses.

Qu'ils soient maniés par des divins poètes ou juste des amateurs, nos mots ont une force colossale. Ils nous dessinent plus précisément que n'importe quelle photo, car ils disent notre âme, notre histoire, notre époque et nos aspirations. La langue n'est pas là que pour orner, charmer, ni même communiquer : elle est un instrument du pouvoir, personnel ou politique. Nous votons, vivons, mourons parfois, pour des mots – et souvent nous nous en mordons les doigts –, nous guettons le premier mot d'un enfant et les derniers d'un grand homme. Aussi est-il important de choisir ceux qui nous ressemblent et qui nous rassemblent.

Prenons le pouvoir : ne nous laissons pas gouverner par les mots d'autrui ou par notre propre paresse. Soyons des puristes pour la beauté et l'intégrité de la langue, mais surtout et avant tout pour nous, car c'est notre force, notre liberté, notre identité. Nous avons notre mot à dire. Tout utilisateur lambda, tout citoyen des lettres peut décider de sa politique personnelle, la sienne, la vôtre, la nôtre. Il suffit d'avoir une grammaire, un dictionnaire, et le désir de bien traiter sa langue, de la respecter, de l'explorer, de la taquiner voire de la chahuter, de l'aimer en somme.

Inutile de faire une grande révolution, du jour au lendemain. Inutile de devenir des grincheux de la langue ou de lui faire subir des régimes si draconiens qu'elle en deviendrait méconnaissable. La meilleure politique est celle du détail, de l'élégance, des phrases et des petits mots que nous employons tous les jours.

Nous arrêtons trop tôt d'étudier la grammaire qui n'est guère compliquée, mais riche, subtile, disparate, en un mot humaine. La grammaire nous aide à peindre avec le plus grand réalisme notre âme, tous ses degrés de sentiments divers, toutes leurs nuances. Pour accéder à cette richesse et à cette subtilité, il faut peut-être avoir un peu lu, mais, surtout, il faut vivre, prendre la grammaire à bras-le-corps et lui déclarer notre amour.

Déclaration d'amour à la langue française

Qu'il est difficile de t'écrire, pourtant y a-t-il de plus bel amour que le nôtre ?

Depuis quand nous connaissons-nous ? Depuis toujours. Notre histoire a débuté il y a bien longtemps, sans que nous le sussions.

Que tu appartiennes à nos amours enfantines ou que tu aies débarqué dans notre vie sur le tard, il était impossible de t'être indifférent. Tu ne ressembles à aucune autre. Nous aimons tout de toi, tes langueurs, le corps de tes phrases, ta syntaxe, la musique inimitable de ta voix, accentuée ou atone. S'il y eut des silences entre nous, il s'agissait d'*e* muets.

Tu es à nos côtés depuis le berceau, depuis le jardin d'enfance, à l'école évidemment. Parfois, tu nous as vexés, avec ton caractère difficile, tes bizarreries, tes exigences, et tes imperfections. Entre toi et nous, ce n'était que chamailleries, doutes et fous rires. Tu nous faisais croire que tu étais simple, alors que, parfois, nous ne te comprenions pas. Tu nous as montré nos limites, tu nous as mis à nu et nous t'avons portée aux nues.

Peu s'en est fallu que nous nous fâchions. Tu as toujours pardonné nos fautes, quand nous savions les corriger. Nous te trouvions belle, mais inaccessible. Nous avons jalousé tes amants écrivains, qui chantent si bien ta beauté, avant de nous rendre compte qu'eux aussi commettent des fautes. Nous avons rencontré d'autres amoureux transis de tes principes, de tes règles, de tes exceptions, des galériens de la grammaire, des grammairiens galériens, réunis par une même passion : toi !

Jamais nous n'oublierons le jour où nous t'avons retrouvée, le jour où nous avons compris que ces vices n'apportent que du plaisir. Nous en avons dressé la liste en soixante-neuf points, mais beaucoup d'autres nous attendent car notre aventure n'est pas près de se terminer.

À toi, notre grammaire, notre plus longue histoire d'amour.

Bibliographie

Nombre d'ouvrages et d'articles ont été consultés pour écrire ce livre. Cette bibliographie ne contient que les ouvrages cités au cours du texte.

ACADÉMIE FRANÇAISE, *Dictionnaire de l'Académie française*, en ligne : www.academie-francaise.fr

ACADÉMIE FRANÇAISE, *Questions de langue*, en ligne : www.academie-francaise.fr

ACADÉMIE FRANÇAISE, *Grammaire de l'Académie française*, Paris, Firmin-Didot & Cie, 1933.

Louis BATIFFOL, *Au temps de Louis XIII*, Paris, Calmann-Lévy.

Charles BAUDELAIRE, *Lettres. 1841-1866*, Paris, Société du Mercure de France, 1907 ; *Petits poèmes en prose. Paradis artificiels*, Paris, Michel Lévy frères, 1869.

Joachim du BELLAY, *La Deffence, et illustration de la langue francoyse*, Paris, Arnoul L'Angelier, 1549.

Henri BESCHERELLE, *Cours complet de langue française*, Paris, l'auteur, 1850-1852 ; *Manuel théorique et pratique des synonymes français. Livre de l'élève, exercices*, Paris, P. Dupont, E. Jung-Treuttel, 1864.

Nicolas BESCHERELLE, *Dictionnaire national ou Dictionnaire universel de la langue française*, Paris, Garnier frères, 1861, 2 vol.

Henri BESCHERELLE et Nicolas BESCHERELLE, *Grammaire nationale ou Grammaire de Voltaire, de Racine, de Bossuet…*, Paris, Simon, Garnier frères, 1852.

Odette et Édouard BLED, *Cours supérieur d'orthographe*, Paris, Hachette, 1954.

Caroline BOBLET, épouse CHARRIER, *Analise grammaticale simplifiée et raisonnée*, Paris, Hachette, 1833.

Albert CAMUS, « Sur une philosophie de l'expression », *Poésie 44*, n° 17, décembre 1943 / janvier-février 1944.

Bernard CERQUIGLINI, *La Genèse de l'orthographe française : XII*^e^ *– XVII*^e^ *siècles*, Paris, H. Champion, 2004 ; *La ministre est enceinte ou la grande querelle de la féminisation des mots*, Paris, Points, 2018.

Jules CÉSAR, *Guerres. Guerre des Gaules. Guerre civile*, Paris, Les Belles Lettres, 2020.

Jean-Loup CHIFLET, *Dictionnaire amoureux de la langue française*, Paris, Plon, 2014.

Pierre CHODERLOS de LACLOS, *Les Liaisons dangereuses*, Paris, Gallimard, « Bibliothèque de la Pléiade », 2011.

Abbé de DANGEAU, *Essais de grammaire*, Paris, G. Dupuis, 1711.

Alphonse DAUDET, *Jack*, Paris, E. Dentu, 1876.

Virginie DESPENTES, *Baise-moi*, Paris, Florent Massot, 1994.

Alexandre DUMAS, *La Dame aux perles*, Paris, Librairie nouvelle, 1854.

François-Camille DUNGLAS, *Abrégé de grammaire française*, Au Puy, impr. d'A. Guilhaume, 1855.

Mathias ÉNARD, *Zone*, Arles, Actes Sud, 2008.

L'Eslite des Chansons plus belles et amoureuses de nostre temps ; Recueillies de plusieurs Autheurs, tant de Paris, Rouen que de Lyon et autres lieux circonvoisins, Paris, chez Fleury Bourriquant, vers 1606.

Georges FEYDEAU, *Un fil à la patte*, Paris, P. Ollendorff, 1899.

Gustave FLAUBERT, *Correspondance*, Paris, Gallimard, « Bibliothèque de la Pléiade », 2007.

FRANÇOIS Ier, *Ordonnances royaulx sur le faict de la justice et abbréviation des procès par tout le royaulme de France… publiées en la court de parlement à Paris, le sixiesme jour du moys de septembre l'an mil cinq cens XXXIX, Avec privilege. On les vend a Paris en la grand salle du Palais*, 1539.

Bruno FULIGNI, *L'Évêque Cauchon et autres noms ridicules de l'histoire*, Paris, Les Arènes, 2017.

J.-M. de G., *Jeux d'esprit. Récréations des familles, des cercles*, Lille, J. Lefort, 1883.

Julie GOURAUD, *La Petite maîtresse de maison*, Paris, Hachette, 1884.

GRATIEN du PONT, *Controverses des sexes masculins et féminins*, Toulouse, 1534.

Maurice GREVISSE, *Le Bon usage*, Paris, Duculot, 1re édition en 1936 ; *Le Bon usage, cours de grammaire française et de langage français*, Gembloux, J. Duculot, Paris, P. Geuthner, 1939.

René HABY, *Proposition pour une modernisation du système éducatif 1975*, Paris, La Documentation française, 1975.

HERGÉ, *Objectif Lune*, Paris, Casterman, 1953.

Johannes HEYNLIN, *Compendiosus de arte punctandi dialogus*, 1471, in GUARINO DE VÉRONE, *Ars diphthongandi Guarini Veronensis*, Lugduni, P. Ungarus, 1482.

Victor HUGO, *La Légende des Siècles*, Bruxelles, Hetzel, 1859, 2 vol.

JULIEN, *Misopogon*, Paris, Les Belles Lettres, 2003.

Jean de LA FONTAINE, *Fables*, Paris, Gallimard, « Bibliothèque de la Pléiade », 1991, 2 vol.

Émile LITTRÉ, *Dictionnaire de la langue française*, en ligne : www.littre.org

X. LÜHMANN, *Traité des participes*, Strasbourg, impr. de L.-F. Le Roux, 1833.

Abbé MALLET DUFRESNE, *Traité des participes*, Paris, Hachette et Cie, 1851.

Abbé MALLET DUFRESNE, *Véritable clef des participes*, Paris, Hachette, 1858.

Clément MAROT, *Œuvres complètes*, Paris, A. Lemerre, 1873-1876.

Charles MAUPAS, *Grammaire et syntaxe françoise, contenant reigles bien exactes & certaines de la prononciation, orthographe, construction & usage de nostre langue, en faveur des estrangiers qui en sont desireux*, Paris, Adrian Bacot, 1625.

Étienne MOLARD, *Le Mauvais langage corrigé ou Recueil, par ordre alphabétique, d'expressions et de phrases vicieuses usitées en France, et notamment à Lyon*, Lyon, impr. d'A. Beaumont, 1797.

MOLIÈRE, *Œuvres complètes*, Paris, Gallimard, « Bibliothèque de la Pléiade », 2010, 2 vol.

J.-B. MORIN, *Principes raisonnés de la langue française*, Riom, 1801.

Abbé MOZIN, J. Th. BIBER, *Nouveau Dictionnaire complet à l'usage des Français et des Allemands*, Paris, Hachette, 1826-1828, 2 vol.

André-Robert ANDRÉA DE NERCIAT, *Les Aphrodites ou Fragmens thali-priapiques, pour servir à l'histoire du plaisir*, à Lampsaque, 1793, 8 vol.

Jean-Baptiste-François OBRY, *Étude historique et philologique sur le participe passé français et sur ses verbes auxiliaires*, Paris, Auguste Durant, 1852.

Erik ORSENNA, *La Grammaire est une chanson douce*, Paris, Stock, 2001.

Erik ORSENNA, *Les Chevaliers du subjonctif*, Paris, Stock, 2004.

John PALSGRAVE, *L'Éclaircissement de la langue française*, Paris, Imprimerie nationale, 1852.

Jacques PELETIER, *Dialogue de l'ortografe e prononciation françoese*, Poitiers, par Jane Enguilbert de Marnef, 1550 ; *L'Art poëtique*, Lyon, J. de Tournes et G. Gazeau, 1555.

Louis PHILIPON DE LA MADELAINE, *Grammaire des gens du monde, ou la Langue française enseignée par l'usage*, Paris, Capelle et Renand, 1807.

PLAUTE, *Andrienne*, in *Théâtre complet*, trad. fr. Florence Dupont, Paris, Les Belles Lettres, « Editio minor », 2019.

Prosper POITEVIN, *Lettre à tous*, Paris, Comon, 1847.

Marcel PROUST, *Sodome et Gomorrhe*, in *À la recherche du temps perdu*, t. III, Paris, Gallimard, « Bibliothèque de la Pléiade », 1988.

Edgar QUINET, *Histoire de la campagne de 1815*, Paris, Michel Lévy frères, 1862.

Louis-François RABAN, Prosper MARS, *Les Cuisinières. Macédoine en deux volumes*, Paris, Tenon, 1837, 2 vol.

Jules RADU, No*uvelles méthodes. Lecture, écriture, calcul, grammaire, géographie, histoire générale*, Paris, chez l'auteur, 1868.

Pierre de la RAMÉE dit RAMUS, *Grammaire*, Paris, impr. d'A. Wechel, 1572.

Recueil de plusieurs chansons nouvelles, Lyon, 1571.

Pierre de RONSARD, *Œuvres*, Paris, Alphonse Lemerre, 1887-1893, 6 vol.

Edmond ROSTAND, *Cyrano de Bergerac*, Paris, E. Fasquelle, 1898.

Antoine de SAINT-EXUPÉRY, *Vol de nuit*, Paris, Gallimard, 1967.

SAINT-SIMON, *Mémoires*, Paris, Gallimard, « Bibliothèque de la Pléiade », 1983-1985, 4 vol.

Francisco SÁNCHEZ DE LAS BROZAS dit SANTUS, *Minerva sive de causis linguae latinae*, Salamanque, Renaut, 1587.

Second livre de Chansons composé à quatre parties de plusieurs autheurs, par Adrien Le Roy et Robert Ballard, imprimeurs du roi, Paris, 1564.

Léopold Sédar SENGHOR, *Éthiopiques*, Paris, Seuil, 1956.

SUÉTONE, *Vies des douze Césars*, Paris, Les Belles Lettres, 2011.

Julien TELL, *Les Grammairiens français : depuis l'origine de la grammaire en France jusqu'aux dernières œuvres connues*, Paris, Firmin Didot, 1874.

J. R. R. TOLKIEN, *Le Seigneur des anneaux*, Paris, Pocket, 2018.

Trésor de la langue française, CNRS, Université de Lorraine, en ligne : atilf.atilf.fr

Joseph VENDRYES, *Le Langage. Introduction linguistique à l'histoire*, Paris, La Renaissance du livre, 1921.

Émile ZOLA, *Une page d'amour*, Paris, G. Charpentier, 1878.

Des mêmes auteurs

Laure de Chantal et Xavier Mauduit

La Dictée, Une histoire française, Paris, Stock, 2016.
Crapoussin et Niguedouille, La belle histoire des mots endormis, Paris, Stock, 2017.

Laure de Chantal

Le Panthéon en poche, Paris, Les Belles Lettres, 2007.
À la table des anciens. Guide de cuisine antique, Paris, Les Belles Lettres, 2007.
Séduire comme un dieu. Manuel de flirt antique, avec Karine Descoings, Paris, Les Belles Lettres, 2008.
Celebriti. Riches, célèbres et antiques, avec Romain Brethes, Paris, Les Belles Lettres, 2010.
Le Jardin des dieux. Une histoire des plantes à travers la mythologie, Paris, Flammarion, 2015.
Apollonios de Rhodes. Les Argonautiques, Paris, Les Belles Lettres, 2019.
La Bibliothèque mythologique idéale, avec Jean-Louis Poirier, Paris, Les Belles Lettres, 2019.
Femmes savantes. De Marguerite de Navarre à Jacqueline de Romilly, Paris, Les Belles Lettres, 2020.

Xavier Mauduit

La Barbe ! La politique sur le fil du rasoir, Paris, Les Belles Lettres, 2014.
L'Homme qui voulait tout. Napoléon, le faste et la propagande, Paris, Autrement, 2015.
Le Ministère du faste. La Maison de l'empereur Napoléon III, Paris, Fayard, 2016.
Flamboyant Second Empire ! Et la France entra dans la modernité…, avec Corinne Ergasse, Paris, Armand Colin, 2016.
La Véritable histoire des impressionnistes, avec Cédric Lemagnent, Paris, Armand Colin, 2017.
De Mathusalem à Mao Zedong. Quelle histoire ! Paris, Tallandier, Arte éditions, 2018.
L'Art au service du pouvoir : Napoléon Ier – Napoléon III, avec Pierre Branda, Paris, Perrin, 2018.
Photomatous, photographies Pierre-Jean Amar, textes et dessins Xavier Mauduit, Arles, Arnaud Bizalion éditeur, 2018.
Vidocq, 1775-1857, une vie épique, Paris, Bayard, 2018.
Notre histoire en couleurs, Paris, Les Arènes, 2019.
Histoire de Napoléon… cuisiné à la sauce Lavisse, Paris, Armand Colin, 2020.

Cet ouvrage a été composé
par PCA
et achevé d'imprimer en janvier 2021
par Firmin Didot
Mesnil-sur-l'Estrée (27)
pour le compte des Éditions Stock
21, rue du Montparnasse, 75006 Paris

PAPIER À BASE DE FIBRES CERTIFIÉES

Stock s'engage pour l'environnement en réduisant l'empreinte carbone de ses livres. Celle de cet exemplaire est de :
400 g éq. CO_2
Rendez-vous sur www.editions-stock-durable.fr

Imprimé en France

Dépôt légal : février 2021
N° d'édition : 01 – N° d'impression : 162067
55-07-4399/7